国学通识

陈斐 主编

校雠目录学纂要

蒋伯潜 编著
李俊 整理

华夏出版社

图书在版编目（CIP）数据

校雠目录学纂要 / 蒋伯潜编著；李俊整理． -- 北京：华夏出版社有限公司，2024.7
（国学通识 / 陈斐主编）
ISBN 978-7-5222-0720-9

Ⅰ.①校… Ⅱ.①蒋… ②李… Ⅲ.①校勘学－目录学－研究 Ⅳ.① G256.3

中国国家版本馆 CIP 数据核字（2024）第 111766 号

校雠目录学纂要

编 著 者	蒋伯潜
整 理 者	李　俊
责任编辑	董秀娟
责任印制	周　然

出版发行	华夏出版社有限公司
经　　销	新华书店
印　　装	三河市万龙印装有限公司
版　　次	2024 年 7 月北京第 1 版 2024 年 7 月北京第 1 次印刷
开　　本	880×1230　1/32
印　　张	8.875
字　　数	216 千字
定　　价	58.00 元

华夏出版社有限公司　地址：北京市东直门外香河园北里4号　邮编：100028
　　　　　　　　　　　网址：www.hxph.com.cn　电话：（010）64663331（转）
若发现本版图书有印装质量问题，请与我社营销中心联系调换。

总序

近期，人工智能和自动化技术迅猛发展，ChatGPT（聊天机器人）横空出世，除了能与人对话交流外，甚至能完成回复邮件、撰写论文、进行翻译、编写代码、根据文案生成视频或图片等任务。这对人类社会的震撼，无异于引爆了一颗"精神核弹"：人们在享受和憧憬更加便捷生活的同时，也产生了失业的恐慌和被替代的虚无感，好像人能做的机器都能做，而且做得更好、更高效，那么，人还怎么生存，活着还有什么意义？

这种感觉并非无源之水、无本之木，而是有着深久的教育、社会根源。长期以来，我们的教育过于专业化、物质化、功利化，在知识传授、技能培训上拼命"鸡娃"，社会也以科技进步、经济发展为主要导向，这导致了人们对"人"的认知和实践都是"单向度"的。现在，"单向度"的人极力训练、竞争的技能，机器都能高效完成，他们怎能不恐慌、失落呢？人是要继续"奋斗"，把自己训练得和机器一样，还是要另辟蹊径，探索和高扬"人之所以为人"的独特品质与价值，成了摆在所有人面前的紧迫问题。

答案显然是后者。目前社会上出现的"躺平"心态，积极地看，正蕴含着从"奋斗""竞争"氛围中夺回自我、让人更像人而不异化为机器的挣扎。"素质/通识教育""科学发展观"等理念的提出，也是为了纠偏补弊，倡导人除了要习得谋生的知识、技能外，还要培养博雅的眼光、融通的识见，陶冶完美的人格、高尚的情操；衡量社会发展也不能只论GDP（国内生产总值），而要看综合指数。

这么来看，以国学为核心的中华优秀传统文化，就大有用武之地。孔子早就说过，"君子不器"，"为政以德"（《论语·为政》）。庄子也提醒，"有机事者必有机心。机心存于胸中，则纯白不备"，"神生不定"，"道之所不载也"（《庄子·天地》）。慧能亦曾这样开示："心迷《法华》转，心悟转《法华》。"（《坛经·机缘》）这些经过数千年积累、淘洗的箴言智慧，可以启发我们在一个日益由机器安排的世界中发展"人之所以为人"的独特品质，从而更好地安身立命、经国济世。可见，国学不是过时的、只有少数学者才需要研究的"高文大册"，而是常读常新、人人都应了解的"通识"。

这套"国学通识"系列丛书，即致力于向公众普及国学最基本的思想观念、知识架构、人文精神和美学气韵等，大多由功底深博的名家泰斗撰写，但又论述精到、篇幅短小、表达深入浅出，有些还趣味盎然、才情四射。一些撰写较早的著作，我们约请当代青年领军学者做了整理、导读或注释、解析，以便读者阅读。

我们的宗旨是弘扬并激活国学，让优秀传统文化滋养智能时代中国人的心灵，同时也期望读者带着崭新的生命体验和问题意识熔古铸今，传承且发展国学。在这个过程中，相信人人都能获得更加全面、自由、和谐的发展，社会也会变得更加繁荣、公正、幸福！

陈斐

癸卯端午于京华

《国学汇纂》新版序

《国学汇纂》十种,是先祖父蒋伯潜和先父蒋祖怡合作撰写的,在1943—1947年由上海正中书局陆续出版。

《国学汇纂编辑例言》的第一条,说明了编撰这套《汇纂》的缘由:

> 我国学术文艺,浩如烟海。博稽泛览,或苦其烦;东捋西扯,复病其杂。本书汇纂大要,别为十种,供专科以上学子及一般程度相当者,阅读参考之资。庶于国学各得其门,名曰《国学汇纂》。

在《例言》中,这十种书的顺序是:《文章学纂要》《文体论纂要》《文字学纂要》《校雠目录学纂要》《诗歌文学纂要》《小说纂要》《史学纂要》《诸子学纂要》《理学纂要》《经学纂要》。出版时也把这十种书按顺序排列,称为《国学汇纂》之一到《国学汇纂》之十。

这十种书中的《文章学纂要》《文体论纂要》《文字学纂要》

《校雠目录学纂要》《诗歌文学纂要》《小说纂要》属于语言文学范畴，《史学纂要》属于史学范畴，《经学纂要》《诸子学纂要》《理学纂要》属于哲学范畴。也就是说，这十种书，涉及了中国传统的文、史、哲的基本方面，是国学的基本知识。

总起来说，这十种书有三方面的内容：

（一）介绍基本知识。这十种书，每一种都是一个单独的学科领域，涉及的范围非常广，有关的知识非常多。为了适合读者的需要，作者对有关知识加以选择、概括、组织，把一些最基本的知识以很清晰的面貌呈现在读者面前，使读者既不苦其烦，也不病其杂。

（二）阐述作者观点。这些学术领域都有不同学术观点的争论，或者有不同的学派。面对这些不同观点，初学者可能感到无所适从。作者对这些问题介绍了不同观点，并阐述了自己的看法。这有助于读者了解这些学科历史发展的过程，也有助于读者从不同的侧面来看待和掌握这些基本知识。

（三）指点学习门径。这十种书都是入门之学。读者入了门以后，如何进一步学习？这十种书常常在介绍基本知识和阐述作者观点的同时，给读者指点进一步学习的门径。如提供一些参考资料，告诉读者进一步学习该从何入手，需注意什么问题等。

这些对于初学者都是十分有用的。所以，《国学汇纂》出版后很受欢迎。著名学者四川大学教授赵振铎曾对我说：你祖父和父亲的那两套书（指《国学汇纂》十册和《国文自学辅导丛书》十二册），

《国学汇纂》新版序

我们当时在中学里都是很爱读的。我很感谢赵先生告诉我这个信息。

《国学汇纂》不仅在上个世纪的四十年代末出版后受欢迎，在以后也一直受到欢迎。1990年，北京大学出版社重印了《校雠目录学纂要》。1995年，我在台北看到的《文字学纂要》已经是第二十九次印刷。2014年《小说纂要》收入《民国中国小说史著集成》第九卷，由南开大学出版社出版。首都经济贸易大学出版社的领导和编辑蓝士斌先生很有眼光，看到了《国学汇纂》的价值，在2012年重印了《文字学纂要》，2017年重印了《诸子学纂要》，2018年重印了《文章学纂要》。这些都说明这套书并没有过时。

但《国学汇纂》一直没有完整的再版，这是一件憾事。很感谢主编陈斐先生和华夏出版社有限公司，决定把《国学汇纂》作为《国学通识》的第一辑出版。他们约请相关领域的青年学者对《国学汇纂》的每一种都细加校勘，而且撰写了"导读"。"导读"为读者指出了此书的特色和重点，以及阅读时应注意的问题。这就给这套七十年前出版的《国学汇纂》赋予了新的时代气息。

在此，我对陈斐主编、各位整理并写"导读"的专家和华夏出版社有限公司表示深切的感谢！我相信，广大读者一定会欢迎这套新版的《国学汇纂》。

蒋绍愚

2022年5月于北京大学

《国学汇纂》编辑例言

一、我国学术文艺，浩如烟海。博稽泛览，或苦其烦；东掇西扯，复病其杂。本书汇纂大要，别为十种，供专科以上学子及一般程度相当者，阅读参考之资，庶于国学各得其门，名曰国学汇纂。

二、文章所以代口舌，达心意，为人人生活所必需，而字句之推敲，章篇之组织，意境之描摹，胥有赖于文法之活用，修辞之技巧；至于骈散之源流，语文之沟通，亦为学文章者所应谙悉。述《文章学纂要》。文体分类，古今论者，聚讼纷纭，而各体之特征、源流、作法，更与习作有关，爰折中群言，阐明体类，附论风格，力求具体。述《文体论纂要》。

三、研读古籍之基本工夫，在文字、目录、校雠之学。我国研究文字学者，声韵形义，歧为两途；金石篆隶，各成系统；晚近龟甲之文，简字拼音之说，益形繁杂；理而董之，殊为今日当务之急。而古籍文字讹夺，简编错乱，书本真伪，学术部居，校勘整理，尤当知其大要。述《文字学纂要》及《校雠目录学纂要》。

四、我国古来文艺以诗歌、小说为二大主流，戏剧则曲词煦育于诗歌，剧情脱胎于小说。而诗歌之演变，咸与音乐有关，其间盛衰递嬗，可得而言。至于小说，昔人多不屑置论，晚近国外文学输入，始大昌明。而话剧亦骎骎夺旧剧之席。述《诗歌文学纂要》及《小说纂要》。

五、我国史书，发达最早，庞杂最甚，而史学成立，则远在中世以后，且文史界限，迄未厘然；至于诸史体制，史学源流，亦罕有理董群书，抽绎成编者。是宜以新史学之理论，重新估定我国之旧史学。述《史学纂要》。

六、我国学术思想，以先秦诸子为最发展，论者比之希腊，有过之无不及也。秦汉以后，儒术定于一尊，虽老庄玄言复昌于魏晋，而自六朝以至五代，思想学术，俱无足称。宋明理学大盛，庶可追迹先秦，放一异彩。述《诸子学纂要》及《理学纂要》。

七、六经为我国学术总会。西汉诸儒承秦火之后，兴灭继绝，守先待后，功不可没。洎其末世，今古始分。东汉之初，争论颇剧。及今古混一，而经学遂衰。下逮清初，始得复兴。乾嘉之学，几轶两汉。清末今文崛起，于我国学术思想之剧变，关系亦颇切焉。述《经学纂要》。

八、军兴以来，倏已四载，典籍横舍，多被摧残，得书不易，读书亦不易。所幸海内尚存干净土，莘莘学子，未辍弦歌。编者局处海隅，自惭孤陋，纵欲贡其一得之愚，罣误纰谬，自知难免，至希贤达，予以匡正！

目录

- 导读 / 1
- 绪论一 校雠目录学底意义 / 1
- 绪论二 书籍略史底前期 / 6
- 绪论三 书籍略史底后期 / 13

上编 校书编目学底历史 / 17

- 第一章 官书校录上（汉至隋）/ 21
- 第二章 官书校录下（唐至清）/ 32
- 第三章 私家校录上（汉至宋）/ 41
- 第四章 私家校录下（明清现代）/ 51
- 第五章 史志目录 / 59
- 第六章 专门目录 / 69

- 第七章　宗教目录上（佛教）/ 81
- 第八章　宗教目录下（道教、耶教）/ 94
- 第九章　其他特殊目录 / 101

下编　校雠目录学底内容 / 111

- 第一章　征求书本 / 118
- 第二章　校正文字上 / 131
- 第三章　校正文字下 / 145
- 第四章　厘定篇章 / 158
- 第五章　撰述叙录 / 170
- 第六章　伪书底鉴别 / 181
- 第七章　搜辑佚文 / 194
- 第八章　分类编目上 / 205
- 第九章　分类编目下 / 219

- 附论　目录与学术史 / 237
- 本次整理征引参考文献 / 249

导读

蒋伯潜先生《校雠目录学纂要》是一本介绍目录学、校勘学的入门之作。关于蒋伯潜先生及其写作该书的缘起，蒋祖怡先生在《先严蒋伯潜传略》[①]中做了简单的介绍。蒋伯潜先生原名起龙，一名尹耕，以字行。1892年（光绪十八年）出生于浙江省富阳县新关村。蒋先生家境较为困难，1911年从杭州府学堂毕业后，即到本县紫闾小学和本村美新小学任教，1915年考入北京高等师范学校国文系，在校期间深受钱玄同、马叙伦等先生的影响。1919年毕业，蒋先生先后在浙江省多所中学教书。1938年春，他应老友蔡丏因、董任坚、周予同等先生之邀，赴上海到大夏大学及迁沪的无锡国专任教，同时还兼任世界书局特约馆外编审。蒋先生多年从事教育工作，拥有丰富的教学经验，曾为世界书局编撰高初中国文课本十二册，对中学启蒙教育有较为深刻的认识。1941年，太平洋战争爆发，日本军队占领上海租界，朱自清先生

---

① 参见《校雠目录学纂要》附《先严蒋伯潜传略》，北京大学出版社1990年版，第177—181页。

邀蒋先生赴西南联合大学讲课，蒋先生为此编写了讲稿，即《校雠目录学纂要》。此稿亦系重庆正中书局"国学汇纂丛书"之一。蒋先生因交通阻塞，未能如愿抵达昆明，只得回乡潜居，并重写书稿寄正中书局。正中书局于1946年出版该书。

《校雠目录学纂要》一书中对目录学、校勘学的历史概貌和主要内容作了较为全面的介绍，条理清晰，简明扼要，便于初学，于今仍有阅读参考的价值，遂再为整理。

古人说："工欲善其事，必先利其器。"研读古代文史，文献是基础，因此学习一点古典文献学知识是有相当裨益的。古往今来，相关论述很多，古人的论述大多精要而零散，随着历史的发展，它们百川汇流成河，面目逐渐清晰，并分化为三门各有所司的学问，即版本、目录、校勘，这是古典文献学的核心内容，是研究图书的学问，这三门功课各有所司，但是它们的边界其实常常因为研究者学术思想的不同而略微有异。蒋伯潜先生认为，校雠有广义、狭义之分，狭义的校雠是指校勘书籍的文字篇卷[①]，广义地理解则还包括"编次某一书底篇目，或编次某一类书乃至各类书底书目"（本书《绪论一》），即包括目录学在内。而他的这本《校雠目录学纂要》就是取广义的概念，包括校雠和目录两个部分。本书的主体部分，分为上下两编，上编侧重介绍校雠目录学

---

① 为了便于区分，在下文叙述中，表达广义的概念时，我们使用"校雠"这个词，表达狭义的概念时，我们使用"校勘"这个词。

导　读

的基本历史，下编侧重介绍校雠目录学的基本内容。全书开篇绪论三篇，第一篇讲校雠目录学的意义，二、三两篇简要介绍中国古代书籍物质载体的形态变化，即书籍载体自甲骨至钟鼎，而简帛，而纸卷的流变，以及图书由写抄至雕版的转变[①]。下面我们就本书的内容做些简要的介绍，并对个别问题略做讨论，以方便大家参考。

一　校雠目录学的历史

本书上编介绍校雠目录学的历史，内容大致分为两个方面：

第一，着眼于历史线索，介绍目录学自古及今的演变史。首先，蒋先生将目录学史区分为两类，一类为官方校书编目的历史，一类为私家校书编目的历史。我国的校书编目历史源远流长，从一些先秦文献的记载来推测，当时就已经有较大规模的国家整理活动，官方有保存诰命盟书等的官员，私人则有如春秋时期的孔子。《论语》说："子曰：'吾自卫反鲁，然后乐正，《雅》《颂》各得其所。'"[②] 孔子于列国求仕无成，返回鲁国，便专注于文献整理，他删定了《诗三百》，其实，他还整理了《书》，编订了《春

[①] 关于书籍的物质形态演变，还可以参阅叶德辉著《书林清话〔外二种〕》（紫石点校，北京燕山出版社1999年版）、钱存训著《书于竹帛：中国古代的文字记录》（上海书店出版社2004年版）。

[②] 杨伯峻译注：《论语译注》，中华书局1980年版，第92页。

秋》等。孔子的这些工作为上古文献的定型发挥了重要的作用，对中华文明的发展影响巨大。

但是，我们追溯校雠目录学历史源头时，却并不溯及先秦，而是以西汉后期刘向、刘歆父子为起点。这是为什么呢？刘向父子有什么资格成为开创这门学问的始祖呢？西汉成帝时期，刘向受命整理皇家藏书，十九年后病逝，刘歆继承父业，完成目录编制工作。蒋先生把刘向父子校书的工作，概括为十个方面，即：一、校勘脱简、脱字及文字之异者。二、校正误字。三、厘定编次。四、订定书名。五、鉴别伪书。六、介绍作者。七、解释书名。八、评述内容。九、叙述源流。十、分类编目。这十个方面的工作，起到了建章立制、树立典范的作用。所以，蒋先生说："成、哀间命向、歆父子等校书编目，确是一件空前的大事；向、歆父子，确是校雠目录学底不祧之祖。所以述校雠目录学底历史，也当断始于刘氏父子。"（本书上编第一章《官书校录上》）

此后历朝历代整理皇家藏书的活动连绵不绝，比较突出的如在"重文"的宋代，太宗、真宗、仁宗三朝持续整理皇家藏书，规模很大，至仁宗庆历初，王尧臣等完成了一部六十卷的《崇文总目》，吕公绰、王洙、欧阳修、宋庠等都曾参与其事。这是北宋第一次校录图书。后来仁宗嘉祐年间，徽宗崇宁、宣和年间又校录过两次。蒋先生说："北宋校录官书三次，以第一次为阅时最久，规模最大，第二次第三次都只是补第一次底不足。"（本书上

导 读

编第二章《官书校录下》)

清代又是一个整理官书的重要时期,其中"足以殿校录官书底历史者,为乾隆时之《四库全书》"。这次校书最突出的特点是以修撰《四库全书》为中心,同时包含了校书、禁书、辑书等多重用意,它的最重要的成果之一,即"仿刘向叙录之例,每部书皆撰提要一篇,弁于卷首;辑成一书,名曰《四库全书总目提要》(单行本与列原书之首者互有详略)"。这是一次超越前代的文化学术总结,蒋先生说:"我国官书校录,以此次为最后,亦最伟大。"(本书上编第二章《官书校录下》)

相较于官方校书,私家校书的规模要小一些,蒋先生在上编第三章《官书校录下》中指出:"私家校录,往往只是校勘,其以编目著者,始于梁之任昉。"私家校书虽然规模不及官方,但成果却非常丰富,在校勘、编辑目录题跋叙录等各个方面,都产生了很多重要著作,比较有代表性的如宋代赵明诚、李清照的《金石录》,该书前十卷录古物,后二十卷录跋文。还有晁公武《郡斋读书志》、陈振孙《直斋书录解题》等,这是叙录题跋类著作的代表[①]。另外,值得特别一提的是,具有很强烈的通史观念的南宋郑樵在他的《通志二十略》中特列《艺文略》《图谱略》《金石略》

---

① 叶德辉《藏书十约·题跋八》曰:"论著述之指要者,记叙撰人时代仕履,及其成书之年月,著书中之大略,宋晁公武《郡斋读书志》、陈振孙《直斋书录解题》二家之目是也。"(叶德辉著,紫石点校:《书林清话〔外二种〕》,第400页)

《校雠略》四篇，前"三略"通纪南宋以前的书籍、图谱、金石，在目录体例上是一种开创；而《校雠略》一篇述其分类的思想，这是校雠目录学中难得的富有深度理论思考的文章。

校雠目录学发展至清代更加兴盛，校勘、辨伪、辑佚、目录等，佳作如林。顾炎武开风气之先，他的《九经误字》《五经同异》《石经考》等书被誉为"树清代校勘学之基"。张之洞《国朝著述诸家姓名略》于校勘之学列举最有代表性的学者就有三十一家之多，如何焯、惠栋、卢文弨、戴震、段玉裁、王念孙、顾广圻等人，皆是佼佼者，实际上这个名单还可以开列得更多。辨伪方面，阎若璩《尚书古文疏证》是标志性的著作。辑佚方面，马国翰《玉函山房辑佚书》、严可均的《全上古三代秦汉三国六朝文》等，所辑佚书，范围广，作者不限于一人，学术文章亦不限于一类，是大规模辑佚书的代表作。目录学方面，钱曾《读书敏求记》、张金吾《爱日精庐藏书志》、丁丙《善本书室藏书志》、张之洞《书目答问》等，都是经典之作。校雠目录学的理论著作，章学诚《校雠通义》是绕不开的。顾广圻的"以不校为校"的主张是他多年从事校勘工作的体悟，而段玉裁关于校对错与校是非的辨析，揭示了文献、义理之间的复杂关系，这些都是对校勘工作的深刻总结。清代学者的校勘实践和理论思考为当代校雠学构筑了坚实的基础。

"目录学"之称，始见于王鸣盛《十七史商榷》，可见在清代中后期已有脱离广义的校雠学而成独立的学科之趋势。这门学问在近现代终于瓜熟蒂落，20世纪二三十年代，伴随着传统学术的转型，校雠目录学也迎来了新的发展，胡适"整理国故"运动、顾颉刚"疑古"运动等新的学术思潮催生了大批带有总结性、通论性的目录学论著产生，校雠目录学走向独立。这也是蒋先生这本书产生的学术背景。

第二，着眼于目录类别，蒋先生借鉴姚名达《中国目录学史》，把古代的目录之书区划为四类，即"史志目录""专门目录""宗教目录""其他特殊目录"[①]。

一、史志中的目录，或称"艺文志"，或称"经籍志"。自班固编撰《汉书·艺文志》导夫先路，后代官修史书多加仿效。史志目录著录图书的范围以朝代为主，因此，借助史志中的目录，我们可以考见那个时代书籍的大概情形，总览那个时代的知识景观。这是史志目录最显眼的特征。

二十五史中，共有七部史书编写了书志，即《汉书》《隋书》《旧唐书》《新唐书》《宋史》《明史》《清史稿》。其中比较精审而堪为代表的是《汉书·艺文志》《隋书·经籍志》。《汉书·艺文志》是在刘歆《七略》的基础上删订增补而成的，它是图书目录

[①] 参见姚名达《中国目录学史》，上海古籍出版社2019年版。

分类"六分法"的代表①。《隋书·经籍志》修成于初唐,该志综录南北朝图书,并标注存佚情形,信息丰富,它是传统的四部分类法的定型之作。唐代以后的史志书目大多编辑得较为粗疏,如《旧唐书·经籍志》,刘昫等人修撰《旧唐书》是在动荡的五代时期,他们于纪传部分尚且未能从容整饬,更遑说难度更高的史志了。为了加快进度,他们利用已有资源,在毋煚《古今书录》的基础上加以改订,但《古今书录》成书于开元、天宝之际,记录的是盛唐以前的图书,盛唐以后的部分,刘昫等人已无精力按照《古今书录》的体例增补,而是改在本传中附注,致使《旧唐书·经籍志》详前略后。宋代以后,也许是因为图书规模越来越大,难以穷尽著录成了普遍问题。

二、专门的目录,如经学书目、文字学书目、史学书目、地理书目、哲理书目、金石目录等。这类目录有点像某个专题类别的图书目录,如朱彝尊《经义考》、谢启昆《小学考》、许瀚《史籍考》、高似孙《子略》等。

三、宗教典籍目录,主要是指佛教编辑佛藏目录,其传统可谓源远流长。西晋荀勖编《中经新簿》时就已录及佛经,至东晋,释道安编辑独立的佛经目录《综理众经目录》,此书可以算是佛经目录的开山祖师。南朝梁代僧祐撰《出三藏记集》,他编辑的佛

---

① 《七略》虽然名"七",但有一部为"辑略",相当于总论性质,并不涉及具体的分类,故该书实际上把群书分成了六类。

导 读

教典籍目录更加严谨。至唐代智昇编《开元释教录》，可谓登峰造极。梁启超特别赞赏佛经目录的编辑方法，他说佛经编目，"所用方法，有优于普通目录之书者数事：一曰历史观念甚发达……二曰辨别真伪极严……三曰比较甚审……四曰搜采遗逸甚勤……五曰分类极复杂而周备……予学者以种种检查之便"[1]。实事求是地说，梁启超的想法虽好，却忽视了目录学作为检索工具的一面，按照这种方式编著目录，会因为太繁复而不便检索。不便检索，这大概也是佛经目录编辑方式没有普遍推广的原因。

本书上编第八章《宗教目录下》介绍"道教、耶教"书目编辑史，蒋先生指出，道教典籍的发展受佛教影响很大，"道书立藏，全由模仿佛藏，其目录也没有著名的。在目录学史上更没有什么地位"，道书目录，难以与佛书目录相提并论。天主教、基督教传入中土，发展比较缓慢，其图书编目的成绩不太显著。

四、其他特殊目录，这里主要介绍了类书、丛书之目录。"丛书"名书以晚唐陆龟蒙"笠泽丛书"为最早，但这不是我们通常所说汇集许多书为一部的"丛书"，较早的丛书，可以追溯到南宋俞鼎孙、俞经的《儒学警悟》。宋明以后，丛书渐多，有以时代为范围的，如《汉魏丛书》；有以地方为范围的，如《豫章丛书》；有以个人所著为范围的，如《春在堂全书》（俞樾）；还有以题材

---

[1] 梁启超《论佛家经录在中国目录学之位置》，参见本书上编第八章《宗教目录下》。又《饮冰室合集》专集之六十七，中华书局1989年版。

为范围的，如《说郛》，等等。时至晚清，张之洞《书目答问》于四部之外，特别辟"丛书"一类，可见随着时代的发展，丛书的类型和规模也越来越丰富了①。

除了类书、丛书目录，我们还应对丰富的藏书目录予以重视。我国古代藏书文化非常发达，藏书书目为数众多。早期的藏书目录多为著录简单的簿录，至清代，藏书目录越来越完善，著录项目细致周备，有些藏书目录融合了版本、流传、解题等诸多内容，有的甚至包含着商业营销等内容。所以，这类目录也应关注。

二 校勘、叙录与分类

本书下编主要介绍校雠目录学的内容，简而言之就是告诉我们怎么做校勘，怎么写叙录，怎么编目录，怎么做辑佚、做辨伪等。

校勘编目工作其实有章可循，步骤清晰。总括起来，校雠目录工作，可以分作三步八项：第一步，准备工作，是"书籍底征求"；第二步，属于"校勘"本身工作的，是"文字底校正"，"书篇底厘定"，"叙录底撰述"，属于校勘引申工作的，是"佚书底搜辑"，"伪书底鉴别"；第三步，属于"编目"本身工作的，是"书

---

① 中华书局1961年出版的上海图书馆编《中国丛书综录》是一部非常好的丛书目录检索工具书，借此可以了解古代丛书的面貌。

导 读

籍的分类""学术底论次"。但学术的论次，已涉及学术史的范围。只要把这八项工作叙说清楚，校雠目录学的内容也就比较清晰了。

在做校勘之前，征求众本是必不可少的准备工作。版本搜辑工作做得不到位，就会吃亏，哪怕是学问大家，也是如此。钱大昕是清代第一流的学者，他的《廿二史考异》是清代校勘学的代表作。不过，近代著名藏书家傅增湘曾不无感慨地说："其考辨精深，征引翔实，足为读史之津寄。然于疑误夺失之处，或取证本书，或旁稽他籍，咸能推断以识其乖违，终难奋笔以显为刊正。则以未获多见旧本，无所取证也。第旧本难致，自昔已然。钱氏晓徵，博极群书，然观其《旧唐书考异》，言关内道地理，于今本多所致疑，似于闻人诠本未全寓目。明刻如此，遑论宋元。"[①] 钱大昕吃亏就吃亏在没有看到足够多的善本。所以，从事校勘之前，先做全面的版本搜辑是十分必要的。众本汇聚之后，我们需要进一步研究各版本之间的区别，从而确定版本之间的主次，并据此选择底本、主要校本（通校本）、次要校本（参校本）。

除了搜求众本之外，我们还应该注意其他一些包含该书内容的文献，如类书、总集，以及古书的笺注等，这也是做校勘工作时所不容忽视的。在此，我们或许会与辑佚、辨伪这两项工作产

---

① 傅增湘《校史随笔·序言》，参见张元济《校史随笔》，上海古籍出版社1998年版，"序言"第1—2页。杜泽逊先生曾做了说明，参见杜先生撰《文献学概要》（修订本），中华书局2008年版，第173页。

生交集。

辑佚，简而言之，就是原书不存，但该书的一些片段零散地保存在其他文献中，我们把它们搜辑出来，按照一定的次序汇编起来，这就是辑佚。比较著名的例子如"二十四史"中的《旧五代史》。该书失传已久，幸运的是明修《永乐大典》里多有其文，清代邵晋涵等人修《四库全书》时，以《永乐大典》为基础，将其辑出，重编成书。

伪书也是处理古典文献时经常面临的问题。伪书形成的原因有很多，明胡应麟曾说："凡赝书之作，情状至繁，约而言之，殆十数种。"[1] 伪书认定的标准比较复杂，伪书的辨正也是一项复杂而系统的工作。古书辨伪史上最著名案例，是清代阎若璩的《尚书古文疏证》。

完成文献准备工作后，接下来就是正式的校勘工作了。

第一，校正文字。校正文字，是狭义校勘学的主干，大致可以分作"理错乱""删衍羡""补阙脱""正讹误"四项。这是古书中比较常见的四种错误类型，蒋先生列举了很多例子，颇能加深我们对这些问题的认识。那么，处理这些问题的方法是什么？晚清叶德辉曾把古书校勘总结为"死校"与"活校"两类[2]。蒋先生

---

[1] 胡应麟：《四部正讹（上）》，《少室山房笔丛》卷三十"丁部"，中华书局1958年版，第383页。

[2] 参见《藏书十约·校勘》，叶德辉著，紫石点校：《书林清话〔外二种〕》，第399页。

导　读

说:"校正文字底方法有三:一曰广储底本,互校异同;二曰钩稽群籍,以求旁证;三曰细审本书,以资推究。"1931 年,陈垣先生曾将校勘之法概括为"校勘四法",即对校法、本校法、他校法和理校法。[①]这四种校勘方法是对校勘经验的总结,因而具有较为普遍的指导意义,今人多奉为圭臬。蒋先生总结的校勘方法有三,没有"本校"一项,但这并不意味着他不重视本校。我们知道,"本校"实际上是根据文本上下文的关系来处理问题的,这种思路实际上也可以视为"理校"的一部分。总体而言,蒋、陈两位先生关于校勘方法的见解十分接近或者说是相呼应的。

另外,蒋先生还特别强调做校勘的知识素养和态度,他说:"校正文字是校雠工作底初步,也是校雠工作底基本和中心。工作繁而且难,责任重而且大。校勘者必须平时有学问上的素养,通文字训诂,声韵通借,识古字,懂古语,知古代底文法(俊按:谈素养的要求。)……不可自以为是,妄以臆见改动原文,致前误古人,后误来学,留下笑柄,令人齿冷。(俊按:谈工作态度。)"(本书下编第三章《校正文字下》)

校勘完成并不意味着工作结束,蒋先生也说:"校勘完了,最好写成一种校勘记,先把底本底异同罗列出来,然后下一断定,

[①] 1931 年,陈援庵先生率领弟子校勘《元典章》,校出该书谬误一万二千余条,陈先生从中"挑出一千多条,各依其所以致误之由,分别类例,写成《元典章校补释例》六卷"。《元典章校补释例》于 1959 年在中华书局出版时改名《校勘学释例》。

13

并须把所以如此校正的理由和证据一一记明,使后来读者自己去审读。"(本书下编第三章《校正文字下》)那么,怎么写校勘记呢?

校勘工作完成后,应将所有的校记汇集为校记长编,然后再认真分析,加工取舍,形成正式的校勘记。因为并不是所有的校记都应保留,如频繁出现的明显的文字形体讹误,这种情形在凡例里交代一下,就可以径改,不必再一一出校了;底本正确,参校本误,一般也是不出校的。校勘记旨在注明文本改动的痕迹和理由,以便读者据此回溯。

校记的写作也有一些技巧,有一些通常的做法,比如校记内容的次序,对校在前,他校、理校在后;校记中如有辨析,则应注意校勘与考证的边界,校记应简洁,不宜枝蔓,等等,总而言之,校记应该在一般原则下,考虑整理对象的特点,量体裁衣[①]。

第二,文字校正完成后,接下来的工作就是厘定书中篇章次序。这是校雠工作的第二步。刘向整理皇家藏书时,很多图书的形态还没有稳定下来,比如在《战国策叙录》里,刘向说"中秘书"中有很多跟《战国策》相关的本子,它们的内容多寡不一,题名也不一样,"或曰《国策》,或曰《国事》,或曰《短长》,或曰《事语》,或曰《长书》,或曰《修书》",有七八个之多。《管

[①] 关于校记的写作,可参阅王瑞来著《古籍校勘方法论》,中华书局 2019 年版。

子》《晏子春秋》《列子》也是如此（参见蒋先生在下编第四章《厘定篇章》中的例证），估计这是当时比较普遍的情况。因此，篇章次序的整理在那时显得十分重要。魏晋以后，编订次序主要在文稿初次整理之时。今天我们从事古籍整理，校勘的对象大多是古代业已成型的典籍，篇章次序整理的工作重心主要是恢复旧本原貌，而不是重新编订次序。重新编次的情况也是有的，比如诗人别集整理，古人多按题材类别编排，今人新注本如改为编年体，就需要重新编次。

第三，一本书的篇章眉目清爽以后，接下来的工作就是撰写叙录。叙录是为读者了解本书提供参考的，相当于"导读"。叙录的内容，大致可分为三项：一曰叙述校勘。校勘时所备的异本，定著的篇数，衍脱讹误的概况，校勘人的姓名等等。二曰介绍作者。相当于作者一篇小传，不但介绍作者事迹，还要评论作者的思想言论。三曰评述本书。关于内容的评述，是叙录的主干，是书目叙录成为重要学术史文献的核心因素，《四库全书总目提要》是这方面的代表性著作。

图书叙录完成后，一本书的校雠工作也就基本上完成了。如果我们整理的是一座藏书丰富的藏书馆，那么我们在完成每本书的校勘整理之后，还要总其成，将全部的图书分门编次，这就过渡到目录编制的工作上来了。

怎样编制目录才合理？便利检索是首先要考虑的问题。随着世事变迁，古代目录书的工具性可能会褪去，但它所包含的学术思想反而凸显出来，成了思想史研究关注的对象。

关于目录分类演变的历史，蒋先生做了较为细致的梳理。目录分类的面貌与知识观念有关，刘向、刘歆父子《七略》用的是六分法，这是中国历史上第一次对图书做清晰的分类，后代的图书分类结构多导源于此。经、史、子、集四部分类法始于魏晋，确定于初唐的《隋书·经籍志》，它是综合魏晋南北朝时期四分、七分等多种分类思想的结果。自此之后，四部分类法成为我国传统目录学的主流。

清末西学东渐，目录学思想又迎来了一次重要的变化。西方的目录分类法是大家学习的主要对象。在西方的图书分类法中，杜威（Melvil Dewey）的"十进分类法"最引人注目[①]。该分类法将一切图书分为10部，以0至9代表，即：000总论；100哲学；200宗教；300社会科学；400语言；500自然科学和数学；600技术（应用科学）；700艺术、美术和装饰艺术；800文学；900地理、历史及辅助学科。每部再分为10类，每类分为10目，如此依次展开。我们今天运用的图书分类编目法就是在此基础上改进的，后来演变为"中国图书馆分类法"，目前最新的是第五版。

目录分类的历史就是一部学术史，故很多学者从此入手研究

---

① 1910年孙毓修在中国《教育杂志》上介绍了美国的《杜威十进分类法》。

导 读

中国古代学术史。这是另一个重要的课题，此不多赘。

最后，简要地交代一下本书的整理情况。本书由重庆正中书局1944年第一次出版，初版为繁体竖排，此后，又在台湾多次重印。1990年北京大学出版社再版，改为简体横排。本次整理以1957年台一版（初版的重印本）为底本，同时参考了1990年北京大学出版社再版整理本。据1990年再版整理本"出版说明"可知，该版在付印前曾由徐伏莲、蒋绍愚两先生校读一遍，他们改正了初版排印中的若干讹误和脱漏，还对较长的引文与通行本做了核对，这使该书的编校质量有了较大提高，对此我们积极加以吸收。我们在整理过程中，也校改了文中的一些文字讹误，个别有疑问或者有必要澄清的地方，我们酌情加了校记，以供参考。原书引文与古籍略有出入，但意思未变，此盖前贤引述之习惯，今仍保留不作改动。另外，为了方便读者更好理清内容层次，我们还将一些比较长的段落进行了调整。由于水平有限，整理工作方面难免疏漏，还望读者不吝批评指正。

本书的整理工作，得到了陈斐先生的指导。华夏出版社的吕方女士为推动本书的出版，付出了很多努力；董秀娟女士承担本书责编，工作认真细致，匡我不逮。在此特向他们表达由衷的感谢！

李 俊

2024年1月

绪论一。

校雠目录学底意义

"校雠"古称"雠校"。刘向《别录》曰:"雠校:一人读书,校其上下得谬误,曰'校';一人持本,一人读书,若怨家相对,故曰'雠'也。"(《太平御览》引,《文选·三都赋》李善注引《风俗通》,同)照刘向所说,"校"指一人校勘,"雠"指二人对校,意本显明。校书之"校",当以"挍"为本字。《说文》:"挍,敲击也。"引申为推勘考核之意。"交""崔"本双声,故借"校"为"挍",字亦作"较"(《汉书·叙传》之"扬挍古今",与《古今人表》张晏注之"略举扬较"同)。其从手作"挍"者,则因汉碑木旁字多作手旁,此隶体之变,非别有"挍"字(钱大昕说)。《说文》:"雠,譍也。""譍"就是应对之"应"。《诗·大雅·抑》篇"无言不雠",疏即解作"用语言相对",朱子《集传》径以"雠,答也"释之,正与《说文》合。《诗·邶风·谷风》云:"反以我为雠。"疏云:"雠者,至怨之称。"有怨之人每以言语互相辩驳、骂詈，故又引申为至怨之称。《别录》云"若怨家相对"，即是因此。孙星衍校《晏子春秋音义序》引《尔雅·释诂》"雠，匹也""匹，合也"之训以释雠校之"雠"，徐柳泉《烟屿楼读书志》非之。其实，雠之训匹，仍从相对之义而来，但转训为合，则又和雠校无关了。总之，"校"即校勘；曰"雠校"，则指二人对校；这是分别言之。至合二字为一词，凡则校勘书籍文字篇卷之正误、衍夺，多少错乱，无论是一人单独，或二人相对，都叫做"校雠"。这是"校雠"底本义，也是它底狭义。

"目"，本指人眼。"题"，本指人额。古书多取每篇首句二三字以为这篇底标帜，所以叫做"篇题"或"篇目"。（如《论语·学而》取于首句"学而时习之"，《孟子·梁惠王》取于首句"孟子见梁惠王"，《诗·周南·关雎》取于首句"关关雎鸠"，这种无义的题目，古于含有意义的题目。）列举一书底许多篇目，叫做"目录（錄）"。"錄"底本字为"彔"。《说文》："彔，刻木彔彔也。"古时的书契，本以刀刻竹简木牍，故又加"金"旁为"錄"字（俞樾说，见《儿笘录》）。"录""镂"双声，古音又同在"侯"部，其义亦同（章炳麟说，见《小学答问》）。故"录"字底本义是刻镂，记录是其引申义。《公羊传·隐公十年》："《春秋》录内而略外。"此"录"字为动词，谓记录之。《周礼·职币》："皆辨其物而奠其录。"此"录"字为名词，谓所记录。《国语·吴语》记吴、晋黄池之会，本以日中为期，而吴师昧明即进，晋遣使质

绪论一　校雠目录学底意义

问，有"今大国越录"的话。所越之"录"，似与现代开会的秩序单相同。此"录"字所指的记录，含有秩序底意思。"目录"之录，也是如此，故一书底目录，也可以叫做"目次"。《汉书·艺文志》记刘向等校书，"每一书已，向辄条其篇目，撮其旨意，录而奏之"。撮录全书旨意，序次全书篇目，故曰"叙录"，如今存的《战国策叙录》是；后世又称此种文章为"目录序"，如曾巩底《战国策目录序》是。这种目录，是序记一书底篇目的，是"目录"底本义。《汉志》又称"张良韩信序次兵法"，"杨仆捃摭遗逸，纪奏《兵录》"。《兵录》就是兵法一类的书底目录。更推而广之，则有总记群书的目录。《汉志》言向子歆卒其父业，"总群书而奏《七略》"。《七略》就是刘歆编写的群书总目录。

如上所述，就狭义言，则"校雠"指校勘书籍底文字篇卷而言，"目录"指编次某一书底篇目，或编次某一类书，乃至各类书底书目而言。但刘向父子领校秘书，以校勘文字篇卷始，以编次篇目及总目终，其工作从"校雠"至"目录"，实为一贯的，不可分的。范希曾曰："故细辨夫一字之微，广极夫古今内外载籍之浩瀚，其事以校勘始，以分类终；明其体用，得用鰓①理，斯称校雠学。"故广义的"校雠学"实包括"目录学"在内。我国校书编目之业，当以刘向父子为开祖；而校雠之成为一种学问，有其理

---

① 鰓　底本作"鳃"，误；1990年版改正为"鰓"。又参见胡朴安、胡道静《校雠学》上卷《校雠学之定义》所引。

论，则自宋郑樵撰《校雠略》(《通志》二十略之一)、清章学诚撰《校雠通义》始。章氏谓郑樵"取历代著录，略其鲁鱼亥豕之细，而特以部次条别，疏通伦类，考其得失之故，而为《校雠略》"。又曰："校雠之学，自刘向父子渊源流别，最为推见古人大体，而校订字句，则其小焉者也。千载而后，郑樵始有窥见，而未尽其异，人亦无由知之。世之论校雠者，惟争辨于行墨字句之间，不复知有渊源流别矣。近人不得其说，于古书有篇卷参差，叙例同异、当考辨者，乃谓古人别有目录之学，其属诧闻。"(见《章氏遗书·信摭》)由此观之，郑、章二氏所论者为广义的校雠学，不但当包括目录学，而且认为当侧重目录学，并否认校雠学之外别有目录学存在。按"目录学"一词，王鸣盛《十七史商榷》中已见之。是清代中世，校勘学(狭义的校雠学)极端发达以后，目录学已有自广义的校雠学分化而出，自成一种学问的趋势。西洋图书分类法输入，国内图书馆蜂起以后，目录学已与狭义的校雠学分道扬镳，以附庸蔚成大国了。但近人如胡朴安、道静叔侄撰《校雠学》，蒋元卿撰《校雠学史》，刘咸炘撰《校雠述林》《续校雠通义》，所述仍是广义的校雠学；姚名达撰《中国目录学史》，仍列《校雠篇》；可见"校雠"与"目录"，虽已如湘、漓之分流，终不能谓为毫无关系。本书旨在纂述广义的校雠学之大要，但为使读者易于明了所述的范围计，故并举"校雠""目录"二者以名之。

绪论一 校雠目录学底意义

广义的校雠学，常兼"校勘"与"编目"二者，既如上述。校勘必先集底本，而一书底版本往往不只一种，于是有研究"版本"底工作；古书多已亡佚，但类书或他种书籍底本文注解中有引及者，倘能搜辑，或可恢复原书之一部，于是有"辑佚"底工作；古书真伪不一，治书者当更进一步，辨别全书或其一部分的赝品，于是有"辨伪"的工作。这三种工作，都和书本有直接关系，所以也是广义的校雠学之一部分，本书也应述及。总之，校雠目录学是"治书"之学，是研究学问底基本工作。本书分上、下二编，上编述校雠目录学底略史，下编述校雠目录学底要项。

绪论二。

书籍略史底前期

校雠目录学既是治书之学，以书本为对象，则我国古今书籍底略史，——从刻写以至雕印——应先明了。兹分二期，撮述如次。

我国底书籍，发明甚早。上古邈远，姑置勿论。《尚书·多士》曰："惟殷先人，有册有典。"按《殷虚书契前编》，"册"字作⑪，或作⑪，或作⑪，"典"字作㫕，或作㫕，或作㫕。是龟甲文中已有"册"字"典"字了。甲片尾尖有作"㫕"者，作"㫕"者，其上有孔。董作宾以为即"册六"与"编六"，犹今云第六册、第六编，其孔即用以贯韦索者。姚名达亦言，曾见库、方二氏甲骨文字1742号下端有"𢆶三"，下残，以为𢆶为丝字之残阙者，"𢆶三"即第三编之意。由此推之，大抵殷代掌卜之官，用完卜辞后，即将刻有卜辞的甲片穿编成册，捧而藏之。太史之编藏其所书之竹简，情形当亦类此；不过竹简易于腐朽，不易保存至今而已。《晋书·武帝纪》《荀勖传》《束皙传》都载汲郡人不準盗发魏襄王墓，或云安釐王墓，得竹简书。《南齐书·文惠太子传》亦言襄阳有人发楚王冢，得竹简书，青丝编，简广数分，长二尺。则竹简所编之书，古已有之。《史记·孔子世家》说孔子读《易》，韦编三绝。竹简韦编，翻读既勤，故致屡绝。《吕氏春秋·先识览》记夏末太史终古出其图法而泣之，乃出奔如商；商末，内史向挚载其图法，出奔之周。终古、向挚即典掌夏、商图籍之人；太史、内史，即典掌图籍之官。《多士》所云，不为无征了。周末亦是如此。故《左传·昭公二十六年》记王子朝等奉周之典籍以奔楚；《史记·自序》亦言司马氏世典周史，惠、襄之间，去周适晋。春秋时大国亦各有其官书，如《左传·昭公二年》，记晋韩宣子适鲁，观书鲁太史，始得见《易·象》与《鲁春秋》。《昭公十五年》言籍谈底祖先世守晋之典籍，子孙遂为籍氏。古代底竹简书，刻写不易，收藏亦不易，且阶级森严，平民无学者，所以书籍都藏于官府，天子及诸侯国皆然。汉以后，历代都有秘府馆阁底藏书，还是承三代底遗风。

古代纸笔等未发明时，以刀刻、漆书作笔墨用，以竹简、木牍作纸用。《礼记·中庸》曰："文武之道，布在方策。""方"即木版，"策"与"册"同，即竹简编成之书册。"布在方策"，犹言散见于书籍中。《仪礼·聘礼》记曰："百名以上书于策，不及百名书于方。"杜预《左传序》曰："大事书策，小事简牍而已。"孔颖达《正义》曰:"简之所容,一行字耳。牍乃方版,版广于简,可以并容数行。凡书事,一行可尽者,书之于简;数行可尽者,书之于方;方所不能容者,乃书于策。"《尔雅》:"简谓之毕。"《说文》:"颍川人名小儿所书写为笘。"《籯,书僮竹笘也。"简、毕、笘、籯都是用竹的。《周礼》注:"方,版也。"《说文》:"牍,书版也。"《尔雅》:"大版谓之业。"方、版、牍、业都是用木的。大抵官府文书多用木,故《周礼》每言方版;学者书籍多用竹,故六经每称简策。郑玄《论语注序》言六经之策皆二尺四寸,《孝经》半之,《论语》八寸。这和现在的书籍有大版、中版、小版一样。《后汉书·曹褒传》曰:"撰次礼制[①],写以二尺四寸简。"《盐铁论》曰:"二尺四寸之律,古今一也。"可见礼制、法律底简册,是用最大的。《汉书·匈奴传》言汉与单于往还,皆用尺二寸牍。故至今尚有"尺牍"之称。竹简木牍,初用刀刻,故曰书契;后乃用竹梃点漆书之(见《宋稗类钞》),故其字底笔画都头大尾细,叫做"蝌蚪文"。有所改窜,则削而去之,故《史记·孔子世家》[②]曰,夫子作《春秋》,"笔则笔,削则削"。

竹简木牍之外,还有用其他材料的。前节所说刻卜辞的龟甲,就是一种。此种龟甲,叫做"殷墟文字";所刻是卜辞,所以又叫

---

① 撰次礼制 《后汉书》原文为"撰次天子至于庶人冠婚吉凶终始制度,以为百五十篇",此处作者作了概括。

② 《史记·孔子世家》 底本作"《尚书序》",据《史记》改。

做"贞卜文字";是刻于龟甲上的,所以又叫做"龟甲文字"。刻在甲片上,故笔画很细,而首尾皆尖,和漆写的蝌蚪文不同。又有镂铸在金属上的,故《礼记·大学》引汤之《盘铭》云云。《左传·昭公二十九年》,记晋人铸刑书于鼎,古代钟鼎尊彝之类,铸有文字者,现存尚多。这种文字又和龟甲文不同,叫做"钟鼎文"或"金文"。《周礼·司约》曰:"司约,掌邦国及万民之约剂……凡大约剂,书于宗彝;小约剂,书于丹图。"约剂,犹今言契约。"大约剂",指国际的契约;"小约剂",指民间的契约;"宗彝",谓列于宗庙的彝器。"丹图",郑注引《春秋》传"斐豹,隶也,著于丹书",及俗语"铁券丹书"以拟之。《汉书·高帝纪》言高帝与功臣剖符作誓,丹书铁契,金匮石室,藏之宗庙。《格物要论》引王佐《铁券考》,言高帝封功臣,始作铁券,其内镂字,以金涂之,故曰"金书铁券"。由此推之,则"丹图""丹书",殆以丹涂之者。《逸周书①·大聚》曰:"周公旦陈营邑建都之制,别阴阳之利,水土之宜,命曰大聚。武王乃召昆吾,冶而铭之金版。"《庄子·徐无鬼》曰:"女商曰:'……从说之,则以金版《六弢》。'"可见金属器具之外,还有用金属版的;镂记约誓之外,还有镂记其他文字的。《大戴记·保傅》曰:"素成胎教之道,书之玉版。"则又有用玉版的了。

---

① 逸周书 底本作"周书",即今习称之"逸周书"。《尚书》中有《周书》,为免误会,今特增"逸"字。后文同。

秦始皇所刻石碑，如琅玡、峄山之类很多。石鼓所刻，经马衡考定，亦为秦文。此则刻字于石，为后世石经的滥觞。石经，顾炎武《石经考》记之颇详。其著者，一为汉灵帝时蔡邕等写的《熹平石经》，二为魏废帝时邯郸淳写的《正始石经》(卫恒《四体书势》说不出于邯郸淳)，三为裴頠写的《晋石经》，四为唐文宗时唐元度写的《开成石经》，五为五代时孙逢吉等所写的《后蜀石经》，六为宋仁宗时杨南仲等所写的《嘉祐石经》，七为南宋高宗御书立于临安太学的《南宋石经》，八为清高宗时蒋衡所写的《清石经》(《晋石经》不见于《石经考》，与《清石经》并见冯登府《石经补考》)。房山底石刻梵经，始于隋，继于唐，成于辽，共二千七百石(见《房山县志》及近人苏华《河朔谈故》)。刻石经的本意，在校正经文，刊石立碑，以为标准，所以与校勘有密切的关系。刻石的经，拓下来便可成一部书，所以又是雕版印书的滥觞。

《墨子·鲁问》曰："书于竹帛，镂于金石。"可见战国初竹简和金石之外已有书于帛的了。故或谓《论语》"子张书诸绅"是用帛的先声。《汉书·艺文志》曰："《诗》三百篇，遭秦火而全者，以其讽诵，不独在竹帛故也。"亦竹帛并提。《风俗通》谓刘向校书，皆先书竹，为易刊定，可缮写者乃以上素。[①]这是先用竹，后

[①] 该句参见《文选》(中华书局1977年影印版)卷二九张景阳《杂诗》(结字穷冈曲)李善注引《风俗通》。又《太平御览》(中华书局1960年影印版)卷六〇六引作"《吴越》曰"，书名实为误题。

用帛的。《方言》扬雄自言采别国方言,常把三寸弱翰,赍油素四尺,以问异语,归即以铅摘次之于椠。这是先用帛,后用木的。即此可见西汉末还是竹木与缣帛同用。用竹册的,以"篇"计;用帛的,以"卷"计,帛卷如木棍,所以后来又以"本"计(日本人尚谓一支铅笔为"一本",理与此同)。故《汉志》著录群书,或云若干篇,或云若干卷。《后汉书·儒林传》说董卓之乱,所藏典籍剖散,"其缣帛图书,大则连为帷盖,小乃制作縢囊"。可见东汉时已大多用帛了。可是书帛,不能再以竹梃点漆写之。故笔墨底发明,当在用帛之时。马缟《中华古今注》谓秦蒙恬始用鹿羊等毛为笔,《方言》所谓"弱翰",当然是指毛笔而言。墨底发明者,相传是齐国人薛稷(见《中国风俗史》)。虽不能断定笔墨确是这二人发明,发明的时代大概是战国,则不难推想而知。《宋稗类钞》说中古以石磨汁,或云是延安石液,则又和现代人工所制的墨不同。又言人造的用漆烟枦煤和成的墨丸,始于魏晋时;南唐歙州李廷珪父子始以造墨著名。则今之徽墨,颇有相当长久的历史。用帛时,随所写长短截之,也叫做"纸";因为是帛,故其字从糸作"纸"。及东汉和帝时,中常侍蔡伦始以树皮麻头鱼网敝布捣剉作纸(见《后汉书·宦者传[①]》)。其原料以破布为大宗,故另造一"帋"字,从"巾",张揖《古今字诂》曰:"帋,今

---

① 宦者传 底本作"儒林传",据《后汉书》改。

纸。"可见"纸"和"帋"是古今字。但今世所发现的汉代之书，用木简的居多；其用纸者，审其字迹，是魏晋人的书法，且其大不过二三寸。西域长史李柏所写，方是大幅的。晋书称《左思》作《三都赋》，豪贵之家竞相传写，洛阳纸为之贵。则纸底通用，当在魏晋以后。无论是用帛、用纸，书籍都须钞写而成。故桓谭《新论》言梁子初、杨子林所写万卷，至于白首；唐柳仲郢尚手钞小楷"九经""三史"，下及南北诸史。钞写易错误，竹简尤易散乱，所以文字篇次底校勘，非常需要。

绪论三

书籍略史底后期

雕版印书之法发明以后，书籍底情形又与前不同。不但因成书甚易，书籍骤多，而且同一部书可以有几种印本，于是校勘者又须研究版本了。《宋史·艺文志》说五代时周世宗显德中始有经籍刻版。按，陆深《河汾燕闲录》曰："隋文帝开皇十三年十二月，敕废像遗经悉令雕造。"是隋初已雕印佛经了。《敦煌石室书录》有《大隋永陀罗尼本经》，并云："上面左有'施主李和顺'一行，右有'王文治雕板'一行，宋太平兴国五年翻雕隋本。"此隋代已雕印佛经之明证。叶德辉《书林清话》谓曾见开元时印的铜版《心经》。唐柳玭《家训序》自言僖宗中和三年，为中书舍人，随驾在蜀，见城东南有雕版印刷之书，多阴阳杂记、字书小学。《困学纪闻》谓唐末益州始有墨版，多术数[①]小书（亦见朱昱

[①] 术数 底本脱"数"，不词，据王应麟《玉海》补。文见该书卷四三《景德群经漆板刊正四经》引《国史志》。

《猗觉寮杂记》）。阎若璩注："考之《册府元龟》，吴、蜀皆有之。"则唐末雕印已渐通行，由佛经及于杂书，而以蜀中为最盛。《五代史》后唐明宗长兴三年，因冯道等之请，令判国子监田敏校正《九经》，刊版印行。后晋高祖时，有铜版《九经》。后汉隐帝时，校刊《周礼》《仪礼》《公羊》《穀梁》四经。后周太祖时，田敏上《十一经》《尔雅》及《五经文字》《九经字样》印版。世宗显德三年，校印《经典释文》。是雕印经书也始于后唐，远在周世宗之前了，宋太宗时，既校刊《五经正义》，又雕印《史记》《汉书》《后汉书》，乃由经书推而及于史部。

仁宗庆历时，布衣毕昇始发明活字板。其法用胶泥刻字，薄如钱唇，每字为一印，火烧令坚。先用一铁板，其上以松脂蜡和纸灰之类冒之。欲印时，于板上加铁范，密布字印，令满铁范。持板就火炀之，药稍镕，以一平板轻按其面，则字印平如砥，即可印刷。一板方在印刷，一板已在布字，更互用之，瞬息可就。一字皆备数印，如"之""也"等字，多至十余，以备同一板内重复。不用则分韵以纸贴之，以木格贮之。如有未备之字，临时刻之（见沈括《梦溪笔谈》及江少虞《皇朝事实类苑》）。这确是一个大发明。较之西洋人可斯特（Coster）于1420年发明活字版、木版，1438年葛登堡（Gutenburg）改用木刻活字，约早四百余年（仁宗庆历时约当公元1040年顷）。陆深《金台纪闻》言毗陵人初用铅字。年代未明。宋时书籍，多作"蝴蝶装"，如今字帖册页之式。其书长大，不便翻阅，又别有便于携带翻阅的"巾箱本"[①]。其小者版心高不过三寸许，宽只二寸半，一页刊三百二十四字，而笔画清爽，可说精巧极了。

初时雕印经史，都奉诏为之，叫做"官版"。书肆则以建安余氏为最早，自唐末直传至宋，有勤有堂、双桂堂、三峰书舍、广勤堂、万卷堂、勤德书堂等名目。按《福建省志》，建阳书肆皆聚于麻沙、崇化二坊。余氏始祖余祖焕始居建安，别号勤有居士，故堂名"勤有"。岳珂所称建安余氏本，为余仁仲所刊。书肆刊印，校勘不精。故世称版本之恶劣者曰"麻沙版"。《老学盦笔记》中有一则笑话："有教官出《易》义题云：'乾为金，坤又为金，何也？'诸生乃怀监本至帘前曰：'先生恐是看了麻沙版，若监本则坤为釜也。'""监本"是国子监刊的官版。明代北京国子监刊印《十七史》，南京国子监刊印《廿一史》，都叫做"监本"。京外诸王，如沈、唐、潞、晋、徽、益……及各省道署、学署，无不雕印。书肆，则以北京、南京、苏州、杭州为最多；而刻版之地则以吴、越、闽为最著。坊贾校勘既不精，且率臆改窜。故印刷盛而校勘之业反衰。清圣祖康熙时，官刊《古今图书集成》，用铜字活版。高宗乾隆时，刊《武英殿丛书》，用木刻活版，名曰"聚

[①] 按，巾箱本早在南北朝时就已经出现，非雕版印刷流行后才出现。据《南史》卷四一《萧钧传》记载："钧常手自细书写五经，部为一卷，置于巾箱中，以备遗忘。"相关考论可参阅叶德辉《书林清话》卷二《巾箱本之始》。

珍版"。西洋石印为塞纳斐尔特（Alog Senefelder）所发明，时在1798年。珂罗版则发明于1854年至1868年顷，由亚尔伯特（J. Albert）完成之。清末，海禁大开，西洋各种印刷术传入我国，于是印刷事业日形发达，书籍亦日见其多。但校对底工作，都由略识文字者任之。此种印刷局中的校对，当然说不上什么校雠学了。

上编。

校书编目

学底历史

郑玄《诗谱·商颂谱》曾言：宋戴公时，正考父校商之名颂十二篇于周太师，以《那》为首，归以祀其先王。宋为商王纣兄微子启所封，故尚存有《商颂》。自启至戴公已七世，所存《商颂》十二篇已有错乱讹误，故以周太师所藏者校之，定其次序，以《那》篇为首。这已是校勘编次的工作了。《史记·孔子世家》云："孔子……序《书传》，上纪唐虞之际，下至秦穆，编次其事。"《尚书》首《尧典》，终《秦誓》，是孔子所定之序，这也是编次的工作。又云："古者《诗》三千余篇，及至孔子，去其重，取可施于礼义……三百五篇，孔子皆弦歌之。"《儒林传》载王式说同。《汉志》亦有此说。但近来学者多不信之。《论语》："子曰：'吾自卫反鲁，然后《乐》正，《雅》《颂》各得其所。'"则孔子正《乐》以正《诗》（魏源说，见《诗古微》），必曾下过一番校订的工夫。《春秋公羊传·昭公十二年》云："'伯于阳'者何？公子阳生也。子曰：'我乃知之矣。'在侧者曰：'子苟知之，何以不革？'曰：'如尔所不知何？'"质言之，《春秋》经是年的"伯于阳"，乃由"公误为伯，子误为于，阳在，生刊灭阙"。孔子虽明知《鲁春秋》此三字之误而不改正者，因为不愿以个人臆见立加改动，故何休《解诂》说他"欲为后世法，不欲令人妄亿错"。这种慎重的态度是对的。《论语》："子曰：'吾犹及史之阙文也，有马者借人乘之，今亡矣夫！'"刘元城说，"有马者借人乘之"，正是史之阙文，后人因其不易解而删之，故孔子有"今亡矣夫"之叹（见《耆旧续闻》）。所以《春秋经》仍书"伯于阳"，正是孔子要保存旧史原文，以见其误阙的真相。《吕氏春秋·慎行论·察传》云："子夏之晋，过卫。有读史记者曰：'晋师三豕涉河。'子夏曰：'非也，是己亥也。夫己与三相近，亥与豕相近。'至于晋而问之，则曰晋师己亥涉河也。"（亦见《孔子家语·弟子解》）。己，古作 𢀳；亥，古作 𠁓；豕，古作 𢁓。此形似而误。这也是校雠底实例。即此诸例，可见校雠目录已早滥觞于周，但不能谓彼时已有校雠目录之学耳。

第一章

官书校录上（汉至隋）

孟子答北宫锜问周室爵禄之制，曾言"诸侯恶其害己也，而皆去其籍"。可见战国诸君已有以古籍不便于己而灭去之者。秦始皇因淳于越辈援引三代，反对他底郡县政策，为根绝儒者底"以古非今"计，乃下令禁书，凡史官非秦记皆烧之，非博士官所职，有藏《诗》、《书》、百家语者，皆诣守尉杂烧之。所不去者医药、卜筮、种树之书；若欲有学法令，以吏为师（见《史记·秦始皇本纪》）。他以政治的力量焚禁古籍，其动机实和诸侯之去周籍相同。其后项羽入秦，咸阳一炬，于是未烧之秦记及博士所职之《诗》、《书》、百家语，亦同归于尽。项羽初意，并不想烧古书，而古书竟遭池鱼之殃。后世因兵乱殃及古籍之事，史不绝书，都是此类。

汉初，张良、韩信序次兵法，凡百八十二家，删取要用，定著三十五家（见《汉志》）。百八十二家中仅定著三十五家，可见删的多，取的少。曰"序次"，可见已有编次底工作。同时萧何次律令，张苍定（《史记》作"为"，《汉书》作"定"）章程，叔孙通定礼仪（见《史记·自序》）。曰"次"曰"定"，可见也是编次整理底工作。此次整理所以只有兵法、律令、章程、礼仪之类，未及《六经》、诸子者，因秦代挟书之禁，到惠帝四年，方明令解除，此后民间藏书才先后出来。二因高祖初定天下，只注意于军政等切于实用的诸项，尚无暇及于经、子。武帝时，杨仆底奏纪《兵录》，也还只限于兵法一类。

惠帝既除挟书之禁，文帝复使太常掌故晁错受《尚书》于济南伏生，置《论语》《孟子》《孝经》《尔雅》博士。时楚元王刘交亦好书，常与申公等受《诗》于浮邱伯。《汉志》所谓"大收篇籍，广开献书之路"，当在此时。及"武帝敕丞相公孙弘广开献书之路，百年之间，书如山积"（见《文选》注引《七略》）。"于是建藏书之策，置写书之官，下及诸子传说，皆充秘府。"（见《汉志》）故"外则有太常、太史、博士之藏，内则有延阁、广内、秘室之府"（见《汉志》如淳注，《七录序》略同）。当时诸王如淮南王、河间献王等皆好书。成帝又使谒者陈农求遗书于天下。所以西汉之末，藏书之富，可谓空前。藏书既多，又是焚禁之后，收自民间，出于山岩屋壁的，不得不有一次大整理。故成帝河平三年秋八月，诏光禄大夫刘向校经传、诸子、诗赋，步兵校尉任宏校兵书，太史令尹咸校数术，侍医李柱国校方技，盖各以专家分任校雠；此数人外，尚有杜参（见《列子叙录》）、班斿（见《汉书·叙传》），及向子伋、歆（见《七录序》，惟"伋"字作"俊"，今从《楚元王传》改作"伋"）；而由向总其成。成帝绥和二年，向卒；是年，成帝崩，哀帝即位，诏向子歆继父职。至哀帝建平元年竣事。

初，向领校秘书，每一书已，辄条其篇目，撮其旨意，录而奏之，此即载在本书之"叙录"。后又别集众录，谓之《别录》，即钞集众书之叙录而成者（见《七录序》）。及歆既竟校书之业，乃总群书而成《七略》。《七略》者，除《辑略》为诸书之总要外，有《六艺》《诸子》《诗赋》《兵书》《术数》《方技》六略，盖分群书为六大类。这是我国最早的分类总目。《隋书·经籍志·簿录类》《唐书·艺文志·目录类》均有此书。（皆曰"《七略》七卷，《七略别录》二十卷"。《七略》为总书目，《别录》集众书之叙录，故其卷数多寡不同。《别录》，刘向所集；《七略》，刘歆所定；非先有《七略》，后有《别录》。且《尚书正义》《礼记正义》《周礼正义》《诗·大雅疏》及《史记集解》《索隐》《汉书注》引，并云"刘向《别录》"，不称"《七略别录》"。是证《隋志》《唐志》之误。）《通志·艺文略》、焦氏《经籍志》亦尚载之，而不见于《文献通考》，盖亡于南宋末年。清人严可均《全汉文》、洪颐煊《经典集林》、马国翰《玉函山房辑佚书》、张选青《受经堂丛书》、姚振宗《快阁师石山房丛书》中，都有佚文辑本。

刘氏父子底工作,约有十端:(一)《别录》于《尚书》云:"臣向以中古文校欧阳、大小夏侯三家经文,《酒诰》脱简一,《召诰》脱简二,率简二十五字者脱亦二十五字,简二十二字者,脱亦二十二字,文字异者七百有余,脱字数十。"(据马氏辑本,《汉志》同。)这是校勘脱简脱字及文字之异者。(二)于《战国策》云:"本字多误脱为半字,以'赵'为'肖',以'齐'为'立',如此者多。"这是校正误字。(三)又云:"所校中《战国策》书,中书余卷错乱相糅莒,又有国别者八篇,少不足。臣向因国别者略以时次之,分别不以序者,以相补,除重复,得三十三篇。"这是厘定篇次。(四)又云:"或曰《国策》,或曰《国事》,或曰《短长》,或曰《事语》,或曰《长书》,或曰《修书》。臣向以战国时游士辅所用之国,为之策谋,宜为《战国策》。"这是订定书名。(五)《周训叙录》云:"人间小书,其言俗薄。"《晏子叙录》云:"又有颇不合经术,似非晏子之言,疑为后世辨士所为。"至于《封胡》《风后》《力牧》《鬼容区》《黄帝说》诸书,则直斥为"依托"。这是鉴别伪书。(六)《雅琴赵氏叙录》云:"赵氏者,勃海人赵定也。宣帝时,元康、神爵间,丞相奏能鼓琴者,勃海赵定、梁国龙德皆召,入见温室,使鼓琴,待诏。定为人尚清静,少言语,善鼓琴;时燕闲为散操,多为之涕泣者。"这是介绍作者。(七)《易传古五子叙录》云:"分六十四卦,著之日辰,自甲子至于壬子,凡五子,故号曰《五子》。"这是解释书名。（八）《战国策叙录》云："皆高才秀士度时君之所能行，出奇策异智，转危为安，运亡为存，亦可喜，皆可观。"这是评述内容。（九）其于五经，皆述授受之源流，如"《易》始自鲁商瞿子木受于孔子……""《尚书》本是济南伏生……""《诗》始自鲁申公……""《礼》始于鲁高堂生，传《士礼》十七篇……"姚名达以为是各书叙录之原文。这是叙述源流。（十）《七略》分群书为六大类，其下各有子目。《六艺》又分（1）《易》，（2）《书》，（3）《诗》，（4）《礼》，（5）《乐》，（6）《春秋》，（7）《论语》，（8）《孝经》，（9）小学，九目。《诸子》又分（1）儒，（2）道，（3）阴阳，（4）法，（5）名，（6）墨，（7）纵横，（8）杂，（9）农，（10）小说，十目。《诗赋》又分（1）屈赋之属，（2）陆赋之属，（3）荀赋之属，（4）杂赋，（5）歌诗，五目。《兵书》又分（1）兵权谋，（2）兵形势，（3）兵阴阳，（4）兵技巧，四目。《术数》[①]又分（1）天文，（2）历谱，（3）五行，（4）蓍龟，（5）杂占，（6）形法，六目。《方技》又分（1）医经，（2）经方，（3）房中，（4）神仙，四目。这是分类编目。

东周以前，私人无著述，官府所掌，只是些官书，势不能如汉代所收藏之多。自孔子开私人著述之风，战国时诸子百家云蒸霞蔚，屈、宋以后，辞赋亦盛，故《汉志》所录，十九是东周以

---

① 术数 底本作"数术"，据上文改。

后的著作。又经秦、项二次的焚毁，山岩屋壁底藏匿，古书之亡失散乱，自是意中之事。汉自高祖统一全国，承平日久，文、武、宣、元、成、哀诸帝，楚元、淮南、河间诸王，又都是好书的。收集既多，自当加以校勘整理。成、哀间命向、歆父子等校书编目，确是一件空前的大事；向、歆父子，确是校雠目录学底不祧之祖。所以述校雠目录学底历史，也当断始于刘氏父子。

《七录序》载哀帝使刘歆嗣其父向领校秘书，"乃徙温室中书于天禄阁上，歆遂总括群篇，奏其《七略》"。盖温室为校雠之处，校雠既毕，乃徙于天禄阁上以藏之；于是为之分类，以便插架，因而编成这部分类总目——《七略》。自《七略》告成至王莽亡国，有三十年之久；王莽时，有扬雄校书于天禄阁（见《汉书》本传）。但不是大规模的校理；成绩如何，也已不可考见。据《隋书·经籍志》说，"王莽之乱，又被焚烧"。天禄阁在未央宫，兵火确有波及之可能；但《汉书·艺文志》及《王莽传》中，何以并不提及，则又成疑问。东汉初，"光武迁还洛阳，其经牒秘书，载之二千余两"（见《后汉书·儒林传》），似乎王莽时确未被烧。"石室兰台，弥以充积。又于东观及仁寿阁集新书。"（见《隋志》）"自此以后，三倍于前"（亦见《后汉·儒林传》），收藏既富，乃又加以校理。明帝时，班固初被召为校书郎，后除兰台令史，再迁为郎；章帝时，傅毅为兰台令史，拜郎中；奉命同典校书（班、傅之外，尚有贾逵）。这次校书，规模似乎较大。安帝时，邓太后诏谒者仆射刘珍与校书刘騊䮫、马融及五经博士校定东观五经、诸子、传记、百家艺术，整齐脱误，是正文字；并令长乐太仆蔡伦监典其事。这又是一次校书。顺帝时，诏侍中屯骑校尉伏无忌与议郎黄景校定中书五经、诸子、百家艺术。又是一次。灵帝时，蔡邕拜郎中，校书东观；邕乃与杨赐、马日磾、张驯、韩说、单飏等，奏求正定《六经》文字，遂刻石经，立于太学门外。又是一次。（都见《后汉书》）——东汉一代，先后校书四次，但其工作，似专于校勘，旨在"整齐脱误，是正文字"。因为《后汉书》中没有说他们另编目录，《隋志》又明言班固、傅毅等典掌藏书，"并依《七略》而为书部"；那时的目录虽已不存，但可推想其必仿《七略》底成规。

东汉末，董卓之乱，辟雍、东观、兰台、石室、宣明、鸿都各处所藏图书，并皆剖散；缣帛所写，大者连为帷盖，小者制作縢囊。这又是图书底一次大厄。"魏氏代汉，采掇遗亡，藏在秘书、中、外三阁。秘书郎郑默始制《中经》"（见《隋志》），"考核旧文，删省浮秽"（见《晋书》）。吴帝孙休时，命中书郎、博士祭酒韦昭（一作曜，避晋讳改），"依刘向故事，校定众书"（见《三国志》）。这是三国时魏、吴二国底校书。至晋武帝泰始初，"荀勖为秘书监，与中书令张华，依刘向《别录》，整理记籍"（见《晋书》），"覆校错误，十万余卷"（荀勖《让乐事表》语，见《北堂书钞》卷一〇一）。因魏《中经》，更著新簿，分为四部，总括群书。一曰甲部，记"六艺"及小学等书；二曰乙部，有古诸子家、近世子家、兵书、兵家、术数；三曰丙部，有史记、旧事、皇览簿、杂事；四曰丁部，有诗赋、图赞、汲冢书。"但录题及言，盛以缥囊，书用缃素，至于作者之意，无所论辨。"（见《隋志》）即此，可以推见其有极略之解题（荀氏《上穆天子传序》即有简单的解题），而不能似刘向之批评得失，判别是非。其分甲、乙、丙、丁四部，亦与《七略》不同。据《晋书·束晳传》，汲郡人不準盗发魏襄王墓（或言安釐王），得竹书事，在太康二年，上距泰始初凡十余年。故"汲冢书"之入丁部，似系后来附加（此事，《武帝本纪》云在咸宁五年，《荀勖传》云在咸宁初，但都在泰始之后）。这是西晋时的校书。

　　西晋末，有八王、五胡之乱，元帝南渡，偏安江左，书籍散乱，可以想见。穆帝时李充为著作郎，乃以荀勖旧簿校现存书籍，几仅得十分之一（荀氏所录共二万九千九百四十五卷，李充时存三千十四卷。见《隋志》）。"充删除烦重，以类相从，分作四部"（见《晋书》本传），"遂没众篇之名，但以甲乙为次"（见《隋志》）。所撰即《晋元帝书目》（《广弘明集》引《古今书最》，其卷数与充所校正同）。因为据元帝时所遗留的书而编目，故有此名。孝武帝宁康元年，徐广为秘书郎，典校秘阁现存之书（见《晋书》本传，《玉海》引《续晋阳秋》谓在宁康十六年，但宁康仅有三年，今从姚名达说）。《古今书最》有《晋义熙四年秘阁四部目录》，或即为徐广所编，或据徐广所校而编。这是东晋底二次校书。

南朝承东晋之后，其校书，著者凡四次。《宋书·殷淳传》称淳初为秘书郎，后为秘书丞，在秘书阁撰《四部书目》。《南史》曰《四部书大目》，凡四十卷。《新唐志》有殷淳《四部书目序录》三十九卷，当即此书。淳为秘书郎，在宋少帝时；少帝在位仅一年，则其为秘书丞当已在文帝元嘉时。《宋书·谢灵运传》称灵运尝为秘书监，整理秘阁书。《隋志》言元嘉八年，秘书监谢灵运造《四部目录》。《古今书最》有《宋元嘉八年秘阁四部目录》，疑即此书。但灵运为秘书监，在元嘉三年诛徐羡之之后，且"寻迁侍中"，于元嘉五年，托疾东归，后即不复返建业。而其《四部书目》成于元嘉八年，事至可疑。大概谢灵运为秘书监，殷淳适为秘书丞，古代官修之书，往往著长官之名而没其属官之功，故谢、殷同撰《目录》，而独著谢名。则《宋书》《南史》属之殷淳，《隋志》《古今书最》属之谢灵运者，当为同一《四部目录》，而其校书当亦同时，这是第一次。

王俭为秘书丞，上表求校坟籍，依《七略》，撰为《七志》（见《南齐书》），于宋废帝元徽元年上表献之（并见《宋书》）。一曰经典志，记六艺、小学、史记、杂传；二曰诸子志，记古今诸子；三曰文翰志，记诗赋；四曰军书志，记兵书；五曰阴阳志，记阴阳图纬；六曰术艺志，记方技；七曰图谱志，记地域及图书。

道、佛附见，凡九类。《隋志》说他"亦不述作者之意，但于书名之下每立一传，而又作九篇条例编乎首卷之中"。同年又撰《元徽四部书目》。这是第二次。

齐武帝永明中，秘书监谢朏、秘书丞王亮，也造《四部书目》，但其事不著。这是第三次。

东昏侯永元末，后宫火，延烧秘阁，图书散乱殆尽。秘书丞王泰表校缮写。梁武帝天监六年，秘书监任昉"躬加部集"（见《隋志》），"手自雠校"（见《梁书》），与殷钧同撰《四部书目录》。其时秘阁之外，又于"文德殿内列藏众书，华林园中总集释典"，"令刘孝标撰《文德殿四部目录》"，"其术数之书原为一部，使奉朝请祖暅撰其名"。这是第四次。

自此以后，梁元帝虽藏书至十四万卷，但未闻有校录之事。其末年，西魏陷江陵，元帝所藏书籍，全部焚毁。

北魏宣武帝时，秘书丞孙惠蔚上疏，请依前秘书丞卢昶所撰《甲乙新录》裨残补阙，损并有无，校练句读，以为定本；并求令四门博士及在京儒生四十人诣秘书省专精校考，参定字义，诏许之（见《魏书》）。孙氏后迁秘书监。此次规模颇大而史不言其撰有目录，尔朱荣之乱，秘府图书颇多散失。及北齐迁邺，颇更鸠聚，迄于天统、武平，校写不辍。文宣帝天保七年，曾诏樊逊、高乾和等十一人，校定群书，供皇太子（见《北齐书》）。北周明帝初，亦尝集公卿以下有文学者八十余人于麟趾殿校刊经史（见

《北周书》)。是北朝魏、齐、周三代皆尝校书，但都没有目录可见。似乎南朝侧重编目，北朝侧重校勘。

隋代校书凡四次。文帝开皇三年，秘书监牛弘上表请分道使人搜访异本，校写既定，复归原主，于是民间异书往往间出（见《隋志》）。《开皇四年四部目录》当成于此次。平陈之后，书籍渐多，乃召工书之人韦霈、杜颙等，补续残阙，为正副二本，藏于宫中，其余以实秘书内外之阁（同上）。《开皇九年四部目录》当成于此次。十七年，秘书丞许善心仿阮孝绪《七录》更制《七林》，奏请学者李文博、陆从典等十许人，正定经史错谬（见《隋书》本传）。及炀帝即位，秘阁之书，限写五十副本，分为三品，于东都观文殿东西厢构屋以藏之，东屋藏甲乙，西屋藏丙丁，定《大业正御书目录》。并及书、画、道、佛，于殿后起二台，东曰妙楷台，西曰宝台，分藏书画；集道、佛经于内道场，别撰目录；规模也颇伟大。隋亡时，又厄于兵火。

总上所述，则西汉成、哀之世，向、歆父子领校秘书为官书校录之第一次。此后东汉章帝时一次，安帝时一次，顺帝时一次，灵帝时一次；三国时，魏、吴各一次；西晋，武帝时一次；东晋，穆帝时一次，孝武帝时一次；南朝，宋文帝时一次，废帝时一次；齐武帝时一次，梁武帝时一次；北朝，魏、齐、周各一次；隋，文帝时三次，炀帝时一次；共二十次。但其成绩，都不甚著，在校雠目录学史中，实为衰落时期。

第二章

官书校录下（唐至清）

唐代校录官书凡四次：第一次，自太宗贞观初至高宗上元初；第二次，在玄宗时；第三次，在德宗贞元时；第四次，在文宗开成时。

初，唐高祖武德五年，秘书监令狐德棻奏请购募遗书，增置楷书，专令缮写。"至太宗贞观二年，秘书监魏徵以丧乱之后，典章纷杂，奏引学者校定四部书。"（并见《唐会要》）乃"置雠校二十人，书手一百人"，"写四部群书"。后"令虞世南、颜师古等继魏徵主其事。至高宗初，其功未毕。显庆中，罢雠校及书手，令工书人缮写，计直酬庸，择散官随番雠校"（见《唐书》）。"乾封元年，又诏赵仁本、李怀俨、张文瓘等集儒学之士刊正，然后缮写。"（见《唐会要》）崔行功亦与检校，又置详正学士以校理之（见《唐书》）。行功为秘书少监，至上元元年卒。自魏徵至此，已四十七年。这次规模既大，历年又多，而旧、新《唐书》都没有载徵等所编之目录，殊为可疑。但毋煚《古今书录序》(《旧唐志》序引）攻击群书目录五大缺点，其一即为"所用书序或取魏文贞，所分书类皆据《隋经籍志》"。文贞是魏徵底谥。可见魏徵撰有序录；虞世南、颜师古，继徵主其事，也必撰有序录了。这是第一次。

玄宗时的校录，则由褚无量、马怀素分主其事，褚、马卒后，乃由元行冲总其成。褚无量主持的校录，在东都（洛阳）乾元殿，卢僎（《唐会要》作"撰"）、陆去泰（《唐会要》"去"作"元"）、王择从、徐楚璧诸人与其事。约始于开元五年，至六年八月，整比四部书成，令百官入乾元殿观之（时玄宗幸东都。见《通鉴》及《玉海》引《集贤注记》）。十月，驾还京师（长安），徙书于京师底丽正殿，以修书学士为丽正殿学士，校写新书，仍敕褚无量续主其事（见《新唐书》）。七年，令丽正殿写四库书，各于本库每部为目录（见《唐会要》）。八年，褚无量卒，临终以丽正写书未毕为恨（见《旧唐书》）。马怀素则于五年拜秘书监，奉诏在秘书省撰次书目，以续王俭《七志》。与其事者，有尹知章、韦述、毋煚等二十余人。六年七月，马怀素卒（见《旧唐书》），乃命元行冲继之；又令毋煚、韦述、余钦主总辑部分，殷践猷、王惬治经，韦述、余钦治史，毋煚、刘彦直治子，王湾、刘仲丘治集；七年接事，至九年冬，上《群书目录》二百卷。（见《旧唐书》元传、《新唐书》马传。《新唐志》作《群书四录》，《旧唐志》作《群书四部录》，疑"目"误为"四"，又加"部"字。）所录之书凡四万八千一百六十九卷，二千六百五十五部。书目多至二百卷，必有序录，如此庞大之工作，而元行冲等以首尾三年底工夫完成之，大概是钞撮第一次魏徵等所撰的序录而成。故虽参与其事的毋煚亦以为非。他所举五点，除书序用魏徵，分类据《隋志》外，一为"秘书省经书实多亡阙，诸司坟籍不暇讨论"；一为"新集记贞观之前，永徽（高宗年号）以来不取，近书采长安之上，神龙以来未录"；一为"或不详名氏，或未知部伍"；一为"书多阙目，空张第数"。时褚无量亦已卒，元行冲知丽正院。自此，秘书省罢撰辑，学士皆在丽正殿（见《新唐书》）。及元行冲老，罢丽正校书事，十三年四月，改丽正殿书院为集贤殿书院，以中书令张说知院事，以代元行冲。至十九年，集贤院藏书至八万九千卷，但未闻有校录的书目。这是第二次。

但天宝末安史之乱，又多亡失。德宗贞元二年，从秘书监刘太真之请，择儒者详校《九经》。三年，又添写史书（见《唐会要》）。秘书少监陈京为集贤学士，奏以秘书官六员隶殿内，刊校整理，并求遗书增缮，定《贞元御府群书新录》（见柳宗元《陈京行状》）。这是第三次。

文宗时命唐元度等校正《九经》文字，刊石经一文，诏秘阁搜访遗文，日令添写，于是四库之书复全，分藏于十二库（见《新唐志》）。这是第四次。黄巢之乱，又复荡然。时间以第一次为最长，规模以第二次为最大。

雕版印刷，始于隋而渐盛于唐末。五代十国分立，兵乱相寻。后唐明宗因冯道等之请，令判国子监田敏等校正《九经》，刻版印布；后晋高祖时，又有铜版《九经》。后汉隐帝又校勘《周礼》《仪礼》《公羊》《穀梁》四经文字镂版。后周太祖时田敏上《十一经》及《尔雅》《五经文字》《九经字样》印版，四门博士李鹗书。世宗又校勘《经典释文》印行。是五代时，也有校勘经书底事，而其目的在雕版印行，以作标准，和前代底校勘官书，编成目录，性质不同。

宋太宗太平兴国初，于乾元殿东建崇文院，其东庑为昭文书库，南庑为集贤书库，西庑为史馆书库，贮正副本八万卷。后又搜访遗书。端拱元年，又建秘阁于崇文院中堂，分内库书籍藏之。真宗咸平二年，写四部书置禁中太清楼及龙图阁。三年，诏朱昂、杜镐、刘承珪整理编目，成《咸平馆阁书目》。五年，又命刘均等七人就崇文院校勘。次年，分龙图阁书为经典、史传、子书、文集、天文、图画六阁。八年，崇文院火。乃命借太清楼本补写，王钦若主其事，陈彭年副之。仁宗天圣末，重建崇文院，增募书吏，专事补辑。景祐初，命张观、李淑、宋祁详看馆阁正副本，正讹误，去重复，补差漏，三年，补写完成。至庆历初，王尧臣等上《崇文总目》六十卷，分为十九部。有吕公绰、王洙、欧阳修、宋庠等参与其事。这是北宋第一次校录。阅十八年，至嘉祐四年，置馆阁编定书籍官，命蔡抗、陈襄、苏颂、陈绎分别校编史馆、昭文馆、集贤院、秘阁底书籍，并广开献书之路。七年，又命欧阳修兼综其事。乃于《崇文总目》之外，定著一千四百七十四部。这是第二次。徽宗崇宁初，秘阁补写正本。政和七年，孙觌、倪涛、汪藻、刘彦适撰次《秘书总目》，较《崇文总目》多数百家。宣和四年，又成立补辑校正文籍所。这是第三次。但汴京沦陷，秘书完全散失。

南宋高宗绍兴十四年，置补写所于秘省，下诏求书，至孝宗淳熙五年，陈骙上《中兴馆阁书目》七十卷，分五十二门。这是一次。宁宗嘉定十三年，张攀续之。又是一次。刊印事业，则北宋自太宗至仁宗，《十七史》及医书先后校刊；理宗时，又校刊《五经正义》及二《传》、二《礼》、《孝经》、《论语》、《尔雅》七经疏。蒙古南下，南宋官书又遭散失。北宋校录官书三次，以第一次阅时最久，规模最大，第二次、第三次都只是补第一次底不足。南宋二次，也是以第一次为主的。

元代虽亦有秘书监及翰林国史院，又有经籍所、编修所、兴文署等，但不闻有校录官书之事。明代只于翰林院设典籍二人以掌经籍，秘书监尝设而即罢。成祖北迁，藏书于文渊阁，亦尝求遗书。英宗正统时，大学士杨士奇尝令人编成《文渊阁书目》十四卷（见《千顷堂书目》）。及神宗万历三十三年，孙能传、张萱等又撰《内阁书目》四卷，但不闻有校勘缮写之事。至于成祖时命解缙等撰《永乐大典》，只是拆散古书，类钞分韵，是编纂类书底工作，不是校雠目录底事业。所以元、明二代，也是校雠目录学底衰落时期。

清圣祖康熙、高宗乾隆御纂钦定之书甚多，武英殿所刊印的，经类二十六部，史类六十五部，子类三十六部，集类二十部。至于康熙中开始，世宗雍正三年告成之《古今图书集成》，分六汇编，共一万卷者，则和《永乐大典》相类，不是校录事业。清代最伟大的，足以殿校录官书底历史者，为乾隆时之《四库全书》。乾隆三十七年，诏求天下遗书。朱筠请将《永乐大典》择取缮写，俾成原书。三十八年，遂命着手校核《永乐大典》，将来成书后，著名《四库全书》。此为校写《四库全书》之嚆矢。但《四库全书》之材料来源，实不限于钞自《永乐大典》的。约举之，凡六种：（一）敕撰之书，即自清初以来，奉敕编纂之御纂书；（二）内府之书，即自康熙以来内廷收藏之书；（三）各省采进之书（浙江最多，广东、湖北、湖南最少）；（四）私家进献之书，如浙江鄞县范氏天一阁、慈溪郑氏二老阁、杭州赵氏小山堂、嘉兴项氏天籁阁、朱氏曝书亭、江苏常熟钱氏述古楼、昆山徐氏传是楼诸著名藏书家，皆奉旨进呈，钞后发还；（五）自《永乐大典》辑钞之书，如《旧五代史》《通鉴长编》《建炎以来系年要录》《诸蕃志》等；（六）世间通行之书。凡中选的，钞成一律格式，名曰《四库全书》；不中选的，虽不钞入，亦存其书目。共钞七份，分藏于北京禁城内之文渊阁、城外圆明园之文源阁、奉天之文溯阁、热河之文津阁（称内廷四阁），及江苏扬州大观堂之文汇阁、镇江金山寺之文宗阁、浙江杭州之文澜阁。（文宗、文汇二阁，毁于太平军之乱，文源阁毁于英法联军入京之役。文澜阁经太平军后，亡失亦多。今北平、奉天、热河，沦陷已久，不知文渊、文溯、文津三阁之书得余存否[①]。文澜阁底一部，闻已内迁贵州。）自乾隆三十八年开《四库全书》馆，至四十七年告成。总纂为孙士毅、陆锡熊、纪昀，纪氏之力尤多；与其事者，颇多著名学者，如戴震、邵晋涵、朱筠、姚鼐、王念孙、任大椿等。校录者，共三千四百五十七部，七万九千七十卷；存目者，共六千七百六十六部，九万三千五百五十六卷。并从全书中另选一部分要籍，名曰《四库全书荟要》（先成于四十四年）。又仿刘向《叙录》之例，每部书皆撰提要一篇，弁于卷首，辑成一书，名曰《四库全书总目提要》（单行本与列原书之首者互有详略）；于各书撰人生平，及本书原委，皆有考证评述，共二百卷。《提要》之外，撰《四库全书简明目录》，但载某书若干卷，某朝某人撰。撰《四库全书考证》，以辑诸书校订之语。我国官书校录，以此次为

[①] 清修《四库全书》凡七部，分贮七阁，即文渊阁（在故宫文华殿后，书今存台北故宫博物院）、文源阁（在圆明园，书毁于1860年英法联军火烧圆明园时）、文津阁（在承德避暑山庄，书今存中国国家图书馆）、文溯阁（在沈阳故宫，书今存甘肃省图书馆）、文汇阁（在扬州天宁寺，书毁于太平天国时期）、文宗阁（在镇江金山寺，书毁于太平天国时期）、文澜阁（在杭州圣因寺，太平天国时损毁部分，丁丙等人做了抄补，书今存浙江省图书馆）。

最后，亦最伟大。

高宗之纂录《四库全书》，非徒博右文之名而已，实含有政治的作用。清以满族入主中国，对汉人疑忌很深，故文字之狱迭起，如康熙时的庄廷𨱔《明史》案、戴名世《南山集》案及雍正、乾隆时的查良嗣、吕留良、胡中藻、王锡侯、徐述夔诸案，文人受祸之酷，可说是空前绝后。高宗时，编《四库全书》，乃藉此机会，廓清排满的言论。三十九年，下诏求书时，即命有触忌讳者毁之。至四十七年止，共销毁二十四次，共书五百三十八种，一万三千八百六十二部，如明穆宗隆庆以后，高拱之《边略》，张居正之《太岳集》，申时行之《纶扉简牍》，叶向高之《四夷考》《苍霞草》《遽编》，高攀龙之《高子遗书》，邹元标之《邹忠介奏疏》，杨涟之《杨忠烈集》，左光斗之《左忠毅集》，缪昌期之《从野堂存稿》，熊廷弼之《按辽疏稿书牍》，孙承宗之《孙高阳集》，卢象昇之《宣云奏议》，倪元璐之《倪文正奏疏》，孙传庭之《罪省录》，姚希孟之《清闶集》《公槐集》，马世奇之《澹宁居集》；福王弘光以后，袁继咸之《六柳堂集》，黄道周之《广百将传注》，金声之《金太史集》，钱肃乐之《偶吟》，张肯堂之《寓农初议》，张煌言之《北征纪略》，甚至如孙奇逢之《孙夏峰集》，顾炎武之《顾亭林集》，黄宗羲之《行朝录》《南雷文定》，都被焚毁查禁（章炳麟《检论》中《哀焚书》篇言之颇详）。其有疑似排满者，则任意加以删改。任松如《四库全书答问序》云："吾国王者专断，以乾隆为极致。其于《四库》书，直以天禄、石渠为腹诽偶语者之死所，不仅欲以天子黜陟生杀之权，行仲尼褒贬笔削之事已也。删改之横，制作之滥，挑剔之刻，播弄之毒，诱惑之巧，搜索之严，焚毁之繁多，诛戮之惨酷，铲毁凿仆之殆遍，摧残文献，皆振古所绝无。虽其工程之大，著录之富，足与长城、运河方驾，迄不能偿其罪也！"并非苛论。

由上所述观之，则历代校录官书，最著者凡四次：第一次，西汉末，刘向父子校录后成《别录》《七略》；第二次，唐玄宗时，元行冲等校录后，成《群书目录》；第三次，北宋仁宗时，王钦若、王尧臣等校录后，成《崇文总目》；第四次，清高宗时，纪昀等校录后，成《四库全书总目提要》。大抵国内统一，承平较久，聚书既多，方有这类盛举。国内分裂的时期，年祚短促的朝代，无暇及此，也是情势所当然。明代区宇统一，传祚也不算短促，反没有大举校录官书，竟和蒙古人入主中原、传祚短促的元代一般，倒是很可怪的！

第三章

私家校录上（汉至宋）

西汉之初，承秦火以后，经师传经，同一经书，派别不同，如《易》有施、孟、梁丘，书有欧阳、大小夏侯，《诗》有齐、鲁、韩。岂但训说有异，本经底篇数文字也不尽同。大抵各有所据以传钞之本，各有其分篇编次之法，校勘之功。《汉书·儒林传》云："申公独以《诗》为训故以教，亡传，疑者则阙弗传。"所谓"疑者则阙"，或者指训诂，或者指经文底阙误。如属后者，则正和孔子抱同一审慎的态度，这便和校雠有关了。《今文尚书》二十九卷，大小夏侯经和章句均同，欧阳生之经独有三十二卷，章句又为三十一卷，可见分篇不同，这又和目录有关了。所以西汉经师，殆各有一番校勘编目底工夫。诸经先由经师教于民间，后方立于学官，故都是私家底校录。

段玉裁《经义杂记序》云："校书何放（同'昉'）乎？放于孔子、子夏。自孔、卜而后，成帝时刘向、任宏、尹咸、李柱国各显所能；向卒，子歆终其业，于是有雠、有校、有竹、有素，盖綦详焉。而千古大业，未有盛于郑康成者也。……其于经字之当定者，必相其文义之离合，审其音韵之远近，以定众说之是非，而已为之补正。凡拟其音者，例曰'读如''读若'，音同而义略可知也；凡易其字者，例如'读为''读曰'，谓易之以音近之字，而义乃了然也；凡审知为声相近、形相似二者之误，则曰'当为'，谓非六书假借，而转写纰缪者也。汉人作注，皆不离此三者，惟郑君独探其本源。"段氏所举三者，前二项为训释之事，后一项则为校勘之事。郑君《周礼注序》所谓"犹有差错，同事相违，则就其原文之声类，考训诂，据秘逸"，亦即指此，既知其为声近形似之误，但于注中标明"当为某"，而不径改本文，仍是抱慎重的态度。高诱注《吕氏春秋序》有云："此书既有脱误，小儒又以私意改定。"可见其注《吕氏春秋》，多所校正。其注《淮南子·本经》篇"昔者苍颉作书，而天雨粟，鬼夜哭"句云："鬼恐为书文所劾，故夜哭也。'鬼'或作'兔'，兔恐见取毫作笔，害及其躯，故夜哭。"此即校勘底实例。

私家校录，往往只是校勘，其以编目著者，始于梁之任昉。《梁书》本传称"昉坟籍无所不见，家虽贫，聚书至万余卷，率多异本。昉卒，高祖使学士贺纵共沈约勘其书目，官所无者，就昉家取之"。私家藏书多于官书，且有目录，实始于此。又有处士阮孝绪，沉静寡欲，笃好坟史，博采宋齐以来，王公之家，凡有书记，参校官簿，更为《七录》：一曰《经典录》，纪六艺；二曰《纪传录》，纪史传；三曰《子兵录》，纪子书、兵书；四曰《文集录》，纪诗赋；五曰《技术录》，纪数术；六曰《佛录》；七曰《道录》。阮氏虽未闻有怎样多的藏书，而且仅编目录，未闻是正文字，但也是私家编目底一人。阮氏《七录序》钞入《广弘明集》，见孙星衍《续古文苑》中。《隋书·经籍志》著录群书，注明"梁有，今亡，今阙"者，即据《七录》而言，犹可考见《七录》之一斑。

《北齐书·邢邵传》："邵字子才……有书甚多，而不甚雠校。见人校书，常笑曰：'何愚之甚！天下书至死读不可遍，焉能始复校此。日思误书，更是一适。'妻弟李季节，才学之士，谓子才曰：'世间人多不聪明，思误书何由能得。'子才曰：'若思不能得，便不劳读书！'"邢子才笑人校书，正可反映出那时候校书之人之多。大概因为校书之事，风行一时，所以读书人多喜欢以校书自衔，所以邢子才要加以揶揄。北齐颜之推所著《颜氏家训》中有《书证》《音辞》二篇，考核旧文，匡谬正俗，辨析援引，咸有根据，常为校勘家底法式。又有王劭，后入隋为秘书监，撰有《读书记》三十卷，采摘经史谬误，时人服其精博。今此书已亡，马国翰从《礼记正义》《春秋正义》《史记索隐》中辑存二十事，称其尚考据，与《颜氏家训》相似。如引晋宋古本勘《曲礼》衍字，据张徽所录会稽南山秦始皇碑文考《史记·秦始皇本纪》异文，可以见他实事求是的精神。

唐代私家收藏，如韦述藏书二万卷并及书画金石，但无目录。精于校勘的学者当首推颜师古、陆德明。颜氏底《汉书注》，本为太子承乾而作，其《叙例》有曰："《汉书》旧文多有古字，解说之后，累经迁易。后人习读，以意删改。传写既多，弥更浅俗。今则曲核古本，归其真正。"又曰："古今异言，方俗殊语，末学肤受，或未能通；意有所疑，辄就增损；流遁忘返，秽滥实多。今皆删削，克复其旧。"又曰："诸表列位，虽有科条；文字繁多，遂致舛杂。前后失次，上下乖方，昭穆参差，名实亏废。今则寻文究例，颇更刊正，澄荡衍违，审定阡陌，就其区域，更为局界。"可见他底注《汉书》，对于校勘方面，异常注意。颜氏又撰《匡谬正俗》八卷，虽所考者多属于训诂音释方面，但于校勘也很有裨益。陆氏撰《经典释文》三十卷，自《九经》《论语》《孝经》《老子》《庄子》，以至《尔雅》，经注亦俱有音释，并详载各本之异同。胡虔《柿叶①轩笔记》云："陆德明《经典释文》所载，其字句音训之不同者，各有意义，可以考见经师相传家法；且多至二百三十余家，故足宝贵。今人偶见一书，所据者不过钞胥刻匠之偶然错误，乃竟诧为异本，郑重书之曰'某本作某'。刻书者有知，不将失笑地下耶？"清沈淑撰《陆氏经典释文异文辑》及

---

① 叶　底本讹为"弃"，据徐成志、王思豪《桐城派文集叙录》改。

《陆氏经典释文异文补》，可以见陆氏《释文》之校勘工夫。范希曾说陆德明集汉以下校勘学之大成，并非过誉。此外唐儒校勘之事，当亦不少。如郭京撰《周易举正》三卷，即为校勘《周易》之书。其自序曰："曾得王辅嗣、韩康伯手写真本，比校今世流行本及国学乡贤人等本，举正其谬。凡所改定，以朱墨别书之。所改正者，一百三节二百七十三字。"陈振孙举其例云："如坤初六象'履霜阴始凝也'，多'坚冰'二字；屯六三象'以从禽也'，阙'何'字；'颐拂'，经当作'拂颐'；坎卦'习坎'上当有卦名。"此则专于校勘，不涉音释的。李仁父称"京此书使经传不相混乱，残缺复为真全，颇有益于学者。"其价值可以想见。柳宗元集中有辨《列子》《论语》诸书之文，都是考订古书的，也和校雠有关。

唐末五代，雕版印书渐盛，初时刊书，必先详校而后付刊，且有勒为标准以代石经之意。故后唐令田敏等校刊《九经》敕文有云："兵革以来，庠序多废，纵能传授，罕见精研；由是亥豕有差，鲁鱼为弊。苟一言致误，则大义全乖，倘不讨详，渐当纰缪。宜令国学集博士儒徒，将西京石经本，各以所业本经句度，钞写注出，子细勘读。然后召雇能雕字匠人，各随部帙刻印板，广颁天下。如诸色人要写经书，并须依所印敕本，不得更使杂本交错。"但后来模印者多，简易草率，较传写尤甚。故宋代校勘家更多且勤。南唐徐铉、徐锴底校正李阳冰所乱的《说文解字》，铉又与葛湍同校江南古藏本《庄子》，为宋代校勘家之权舆。宋绶藏书多于秘府（见《孙公谈圃》），其子敏求精于校勘（陆游盛称之）。王钦臣家藏书多且精，校勘亦勤，尝与宋敏求相约传书。赵明诚、李清照夫妇及贺铸皆勤于校书。分类言之，则（一）郑樵《书辨讹》校正《尚书》，分"纠谬""阙疑""复古"三项（见《直斋书录解题》）。张淳《仪礼识误》，据周顺广三年、显德六年刊行之监本，汴京之巾箱本，杭州之细字本，严州之重刊巾箱本，及陆氏《释文》、贾氏《疏》，为曾逮校定《仪礼郑注》。朱熹亦撰《孝经考异》《孝经刊误》。毛居正撰《六经正误》。岳珂以家塾所藏诸刻，及兴国于氏本、建安余仁仲本、廖氏世彩堂本等，凡二十种，并越中旧本注疏、建本音释注疏、蜀本注疏三种，请各经名士参订，撰《相台书塾刊正九经三传沿革例》，于书本、字画、注文、音释、句读、脱简、考异，皆参订异同，厘辨舛疑，详审精博。贾似道亦尝集数十种版本，雇百余人校正，以刊《九经》，惟删落注疏，不及岳珂。这是校经书的。

（二）赵抃校《前汉书》，余靖撰《汉书刊误》，张泌也撰《汉书刊误》，刘巨容撰《汉书纂误》，缺名氏又有《西汉刊误》，均佚，目见《宋史·艺文志》。刘攽底《汉书刊误》，则清乾隆时武英殿校刊《十七史》时，已据庆元旧本增入《汉书》。吴仁杰底《两汉刊误补遗》是补刘攽的。吴缜《新唐书纠谬》是正欧阳修和宋祁底舛驳脱误的，共分二十门：（1）以无为有，（2）以实而虚，（3）书事失实，（4）自相违舛，（5）年月时世差误，（6）官爵姓名谬误，（7）世系乡里无注，（8）尊敬君亲不严，（9）纪志表传不合，（10）一事两见异同不完，（11）载述脱误，（12）事状重复，（13）宜削反存，（14）宜书反阙，（15）义例不明，（16）先后失序，（17）编次未当，（18）与夺不常，（19）事有可疑，（20）字书非是。据此，则吴氏旨在纠正欧、宋撰《新唐书》之失，与校正经史因传写刊刻致误者，又有不同。吴氏又有《五代史纂误》，取欧阳修底《新五代史》轻改旧文首尾失检之处，校勘剖析，也和前书性质相近。这是校史书的。

（三）黎錞尝校定《荀子》，陈襄尝校定《梦书》《相笏经》《京房婚书》，见《宋志》，陆佃尝校《鹖子》，见《直斋书录解题》，其书均亡。钱佃尝取二浙、西蜀本四，与元丰国子刻本《荀子》相参校，是正百五十五字。其疑而未决，世俗所习熟而未定者，如"青出于蓝而青于蓝"，监本所出而文义或非者，如"美善相乐"，又百二十六条，乃撰《荀子考异》，刻之江西计台。沈揆取谢景思手校家藏本，及己家所藏闽本《颜氏家训》校之，如"五皓"实"五白"；"博名"误作"传[①]"；顾雍本字"元叹"，误作"凯"；"丧服经"误作"经"……别撰《颜氏家训考证》二十二条。朱子集诸本校《参同契》，撰《参同契考异》，这是校子的。

（四）洪兴祖得东坡手校《楚辞》，与洪至父以下十四五家参

---

① 按，"传"实指"传名"二字，作者意谓"博"误作"传"，此处行文有减省。下同。

校，后又得姚廷辉本，乃作《楚辞考异》；后又得欧阳永叔、孙莘老、苏子容校本，又以补《考异》之遗。方崧卿据碑本韩文十七种，及唐令狐澄本、南唐保大本、秘阁本、祥符杭本、嘉祐蜀本、谢克家本、李旴本，参以宋白《文苑英华》、姚铉《唐文粹》，校勘异同，作《韩昌黎集举正》。朱子复加校订，撰《韩文考异》。彭叔夏《文苑英华辨证》，尤为精博，约举之，可分为"承讹当改""别有依据不可妄改""义可两存不必遽改"三例。顾广圻至推为"校雠之楷模"。这是校集的。

他如宋人笔记中，也时有关于校勘的精语。例如周密《齐东野语》记其幼时业师黄彦和语，谓《孟子》"三宿而后出昼"，不当读如昼夜之昼。《史记·田单传》："燕初入齐，闻昼邑人王蠋贤。"刘熙注："齐西南近邑，音获。"故孟子三宿而出。王应麟《困学纪闻》云："《荀子·劝学篇》'青出之蓝'作'青取之于蓝'，'圣心循焉'作'备焉'，'玉在山而木润'作'草木润'，'君子如向矣'作'知向矣'；《赋篇》'请占之五泰'作'五帝'。监本未必是，建本未必非。"龚颐正《芥隐笔记》云："王仲言自宣城归，得杜甫诗三帙，用南唐澄心堂纸，有建邺文房印、沈思远印、敕赐印，笔法精妙，殆能书者。试考一二诗，多与今本不同。如《忆李白诗》：'白也诗无数（今作"敌"），飘然意（今作"思"）不群。清新庾开府，豪迈（今作"俊逸"）鲍参军。渭北春天树，江东日暮云。何时一樽酒，重与话斯文（今作"细论文")'。"可见宋代学者文人底注意校勘。又黄长睿《东观余论》中有《校定楚辞序》《校定焦赣易林序》《校定师春书序》。曾巩《元丰类稿》中有《新序目录序》《梁书目录序》《列女传目录序》《礼阁新仪目录序》《战国策目录序》《陈书目录序》《唐令目录序》《南齐书目录序》《徐幹中论目录序》《说苑目录序》《鲍溶诗目录序》。苏颂《苏魏公文集》中有《补注神农本草总序》、《本草后序》、《本草图经序》、《校定急备千金要方序》及《后序》、《校风俗通义题序》、《校淮南子题序》，都宗刘向《叙录》。这些或是他们校录官书时所作，但现在各存于私家集中。这几位都可推为宋代长于目录①的学者。

宋代私家所录群书总目，在北宋，有李淑底《邯郸书目》(一名《图书十志》)，但终以南宋晁公武底《郡斋读书志》，尤袤底《遂初堂书目》和陈振孙底《直斋书录解题》为最著。初，井宪孟家多藏书，悉以赠晁公武。公武手自雠校，疏其大略，成《郡斋读书志》。时方守荣州，故以"郡斋"为名。此志所录之书，至南渡为止，每书各有解题，仍以"经""史""子""集"四部分类。赵希弁又撰《考异》《附志》，则及于庆元以后。《遂初堂书目》一名《益斋书目》，于诸书不作解题，而一书兼载数本。直斋为陈振孙之号，《直斋书录解题》②系仿《郡斋读书志》而作，所著录之

---

① 按，以上诸例皆谈校勘事，疑"目录"或为"校雠"二字。
② 《直斋书录解题》底本无，据文意补。

书，亦各详记卷帙及撰人姓名，并品题其得失。原书已佚，今本自《永乐大典》辑出，元马端临作《文献通考》，其《经籍考》即以此为蓝本。此二书于古书之伪者，鉴别亦精。如《读书志》尝辨《文中子》，《书录解题》尝谓谶纬起于哀、平。按欧阳修尝疑《易系辞》，吴棫、朱子尝疑《伪古文尚书》，郑樵、朱子尝疑《诗小序》。这些辨伪底工作，也是校雠学之一部分。但如王柏底《书疑》《诗辨》则所疑又未免过甚了。观以上所述，则宋代私家校书编目之事，可谓发达。及郑樵《通志》中之《校雠略》出，于是校雠学始成为一种学问。

第四章 ○

私家校录下（明清现代）

元代一切学术多衰落，不仅校雠目录为然。马端临《文献通考》中之《经籍考》为元代有数的关于目录学的著作。至明，私家藏书大盛，编目亦多，如高儒底《百川书志》、朱睦㮮底《万卷堂书目》、叶盛底《菉竹堂书目》、陆深底《江东藏书目》、晁瑮底《宝文堂藏书目》、孙楼底《博雅堂书目》、沈节甫底《玩易堂藏书目》、陈第底《世善堂藏书目录》、胡应麟底《二酉山房书目》、茅元仪底《白华楼书目》、徐𤊹底《红雨楼家藏书目录》、黄虞稷底《千顷堂藏书目》。有学术的价值者，莫如祁承㸁底《澹生堂藏书目》，祁氏又作《庚申整书略》以述其图书分类底理论。余如何俊良底清森阁，王世贞底小酉馆，毛晋底汲古阁、目耕楼，范钦底天一阁，都以藏书之富，为一时所艳称。如宋濂底《诸子辨》，胡应麟底《四部正讹》，则为辨伪书之作。胡氏又有《经籍会通》一书，分别论述古书底源流、类例、遗佚及闻见所及，于校雠目录学上亦颇占地位。但明人喜以臆见妄改古书。例如武后临朝未篡之时（光宅元年，距武氏改国号曰周，尚有六年），徐敬业即起兵讨之，故骆宾王《讨武氏檄》首曰"伪临朝武氏者"。明刻改为"伪周武氏者"。魏文帝《短歌行》"长吟永叹，思我圣考"。圣考，指其父武帝曹操。而明人《诗归》改为"圣老"。（见《日知录》）如此校改，不如不校。又如毛晋等校勘古书，专凭宋元本改通行本，甚至如"勾"之作"句"，"奇"之作"竒"，必为描正，一笔不苟，也无裨于实学。所以明代底校雠目录学终远不及宋。

校雠目录之学至清而复兴。顾炎武撰《九经误字》《五经同异》《石经考》，树清代校勘学之基。张之洞《国朝著述家姓名略》于校勘之学，列举三十一家。自注曰："诸家校刻书，并是善本；是正文字，皆可依据。戴、卢、丁、顾为最。"按清代以校勘学著者甚多，兹举其重要者十人。

（一）何焯，有《义门读书记》。全祖望《长洲何公墓志铭》云："公笃志于学，读书，茧丝牛毛，必审必核。吴下多书估，公从之访购宋元旧椠，及故家抄本，细雠正之。一卷或积数十过，丹黄稠叠；而后知近世之书脱漏讹谬，读者沉迷于其中而未晓也。"《读书记》系何焯没后，其门人蒋罗钧搜辑其所评所校之书，录其题识而成。

（二）惠栋，有《九经古义》。钱大昕《惠先生栋传》云："先生自幼笃志好学，家多藏书，日夜讲诵。雅爱典籍，得一善本，倾囊弗惜。或借读手抄，校勘精审；于古书之真伪，了若辨黑白。"惠氏所撰《古义》本有十种，《左传古义》后刊版别行，故为九经。搜采旧文，互相参证，虽为汉儒专门训诂之学，而校勘亦甚精核。

（三）卢文弨，校刊《抱经堂丛书》。严元照《书卢抱经先生札记后》云："先生喜校书，自经传子史，下逮《说文》、诗文集，凡经披览，无不丹黄。即无别本可勘同异，亦必为之厘正字画然后快。嗜之至老愈笃，自笑如猩猩之见酒也。"当时有人嘲之曰："他人读书，受书之益；子读书，则书受子之益。"（见俞樾《札迻序》，云本《群书拾补》引。）实则校勘家直接有益于书，间接即有益于以后的读者。《抱经堂丛书》共十八种，汇刻所校汉唐人书及其文集札记。

（四）李文藻，校刊《贷园丛书》。钱大昕《李南涧墓志铭》云："……性好聚书。每入肆见异书，辄典衣取债致之，又从朋友借抄，藏弆数万卷，皆手自雠校。"

（五）戴震，所校《大戴记》及《水经注》，以精核著。戴氏之搜考异文，原欲以为订经之助（用《古经解钩沉序》语），而其校读经传，无稽者不信，必反复参证而后安。其校书方法，一为"识字"，一为"博征"，而以"空所依傍"为态度。

（六）段玉裁，段氏为戴氏弟子，尝谓校书之难，在定底本之是非与立说之是非；必先定底本之是非，而后可断立说之是非。不先正底本，则多误古人；不断立说之是非，则多误今人（见《与诸同志论校书之难》）。段氏校《说文解字》，果于删改；其后莫友芝得唐写本《说文》木部残帙，凡与今本异处，多与段氏所删改者合。可见段氏并非妄改。

（七）王念孙，著《读书杂志》，校勘《逸周书》《战国策》《史记》《汉书》《管子》《晏子春秋》《墨子》《荀子》《淮南子》《汉隶拾遗》《老子》《庄子》《吕氏春秋》《韩非子》《扬子法言》《楚辞》《文选》等书。其子引之，著《经义述闻》，"凡古儒所误解者，无不旁引曲喻，而得其本义之所在"（用阮元《序》中语）。

（八）丁杰，许正彦《丁教授传》云："教授在京十年，聚书至数千卷，手写者十二三。为学长于校雠。得一书，必审定句读，博稽他本同异，用小纸反复细书。"

（九）顾广圻，字千里，以字行。李兆洛《顾先生墓志铭》云："先生论古书舛误处，细若毛发，棼如乱丝，一经剖析，割然心开而目明。"尝校《说文》《礼记》《仪礼》《国语》《国策》《文选》诸书。自号思适居士，名其斋曰思适斋，集曰思适集，即取义于邢子才"日思误书，亦是一适"这句话的。

（十）俞樾，《古书疑义举例》中所述，大半切于校勘之用，《群经平议》《诸子平议》，于经子亦多校正。

这十人是最有名的。他如卢见曾底校刊《雅雨斋丛书》，鲍廷博底校刊《知不足斋丛书》，黄丕烈底校刊《士礼居丛书》，孙星衍底校刊《平津馆丛书》《岱南阁丛书》，阮元底校刊《十三经注疏》，吴骞底校刊《拜经楼丛书》，以及谢镛底校刊《荀子》等书，秦恩复底校刊陶弘景《鬼谷子注》、卢重元《列子注》等书，毕沅底校注《墨子》等书。这些都是清代底名校勘家。

辨伪方面，则阎若璩《尚书古文疏证》承宋吴棫、朱熹、明梅鷟之说，考明梅赜所献之《尚书》为伪古文；其后段玉裁、王鸣盛、丁晏等续有考证，遂成定案，为清代辨伪成绩之最著者。而姚际恒之《古今伪书考》，则与明胡应麟底《四部正讹》性质相同。崔述底《考信录》尤有价值。至于康有为底《伪经考》，则又是经学今文派攻讦古文派的作品。

辑佚方面，宋代王应麟底《周易郑氏注三家诗考》《庄子逸文》已发其端，姚士粦底《陆氏周易述》，孙毂底《古微书》，已沿其流。至清代而此风大盛。其采各类佚书者，有马国翰底《玉函山房辑佚书》，黄奭底《逸书考》，洪颐煊底《经典集林》，严可均底《全上古三代秦汉三国六朝文》等。专辑一门学术底佚书者，有余萧客底《古经解钩沉》，任大椿底《小学钩沉》等。专辑一书之逸注者，有陈乔枞底《三家诗遗说考》，陈鳣底《论语古训》，严可均底《尔雅一切注音》等。专辑一人之佚书者，有孔广森底《通德遗书所见录》，袁均之《郑氏佚书》等。

其以编目著名者，如钱曾有《读书敏求记》及《述古堂藏书目录》(《述古堂书目》底别本叫做《也是园书目》),王闻远有《孝慈堂书目》,彭元瑞有《天禄琳琅书目》,周厚堉有《来雨楼书目》,姚际恒有《好古堂书目》,孙星衍有《孙氏祠堂书目》,金坛有《文瑞楼书目》,张之洞有《书目答问》。清末,东西学术输入,乃有康有为底《日本书目志》,梁启超底《西学书目表》,徐维则底《东西学书录》,顾燮光底《译书经眼录》,涵芬楼底《新书分类目录》,皆专录新书者。黄庆澄底《普通学书目录》则新旧并收。这些都是清代底私家目录。

"目录学"之称,始见于《十七史商榷》,在清季已有脱离广义的校雠学而成独立的学科之趋势。清末至民国初,图书馆纷纷成立,校勘之事非一般的图书馆员所能胜任,其分类亦以插架检取之便利为目的,而西洋底分类新法又传入中国,于是图书分类乃别开一新局面。1870年,美国人哈利斯(William T. Harris)创"编号分类法",以适应图书底活动排列,分图书为一百类,如代以数字(如〔1〕代表 Science,〔100〕代表 Periodical。同类中如再分类,则加 a、b、c 等字母以别之)。次年,雪华尔兹(Tacob Schwartz)又发表一种"助记忆分类法",先分学术为二十三大类,各代以 A 至 W 之字母;每大类中又分九中类,各冠以 1 至 9 之数字;每中类又可再分小类,各冠以字母。其代表大类之字母,如以 A 代 Arts,以 H 代 History,除以 K 代表 Language 外,余皆与所代表之字底第一字母相同,可谓巧极。

1876年,杜威(Melvil Dewey)又创"十进分类法",先将一切图书分为十部,以0至9代表之;每部各分十类,每类又各分十目,以后仍可十分,直至无穷。代表部、类、目的数字恰好联成一百十个的三位数。个位以下,可隔以小数点,代表以下各项小目。这种"十进分类法"是由前二法变化出来的。此外,尚有美国人卡特(Charles A. Carter)底"展开分类法",英国人布朗(J. D. Brown)底"主题分类法"等。而盛行于我国者,则为杜威底"十进法"。如沈祖荣、胡庆生底《仿杜威书目十类法》,杜定友底《图书分类法》,陈天鸿底《中外图书一贯分类法》,陈子彝底《图书分类法》,陈东原底《安徽省立图书馆[①]图书分类法》,桂质柏底《国立中央大学图书馆图书分类大全》,都是仿杜威十进分类之意,而变更其部类之名称次序的。如王文山底《南开大学中文书籍目录分类法》,何日章、袁涌进底《中国图书十进分类法》,皮高品底《中国图书分类法》,金天游底《浙江省立图书馆图书分类法》,则保存杜威底十部及大多数类目,而增加变动许多类目。如刘国钧底《中国图书分类法》,施廷镛底《国立清华大学图书馆中文目》,则但仿杜威用三位数字作部、类、目号码之原意,而另创部类,不用十分法。如查修底《清华学校图书馆中文书籍目录》,则遵守杜威之法,仅增改一二子目。如王云五底《中

---

① 图书馆 底本作"圕"("图书馆"三字缩写)。为方便识读,特做校改。下同。

外图书统一分类法》，则完全遵守杜威之法，仅增几种号码以容纳中国书者。这几派虽都接受杜威底"十进分类法"，而各加以修正，其所修正者又各不同。

现代图书馆底目录，以便于插架检书为旨，故与从前的目录不同：（一）列号码，编引得，而无解题、叙录、小序、总序；（二）改书本的形式为活页卡片；（三）不仅依分类序列，有混合撰人、书名，以检字法序列者，有以事物主题为纲者；（四）改依韵目检字、依《千字文》等旧法，而别创检字法，如陈立夫底"五笔检字法"，杜定友底"汉字形位排检法"，王云五底"四角号码检字法"……总之，自西洋图书分类法输入以后，我国目录学受很大的影响。1918年，顾实底《图书馆学通论》已介绍西洋图书馆之分类编目方法。其后如杜定友底《图书目录学》、洪有丰底《图书馆之管理与组织》、姚名达底《目录学》，都曾论到编目新法。如金敏甫底《现代图书馆编目法》、裘开明底《中国图书编目法》、何多源底《图书编目法》、黄星辉底《普通图书编目法》，则都是专门研究编目法的了。盖目录学自从广义的校雠学分化独立以后，特于现代，校勘解题、辨伪等方面，虽尚有如梁启超底《墨经校释》《要籍解题》，马师夷初底《列子伪书考》，顾颉刚底《古史辨》等，但较之目录方面，则已冷落得多了。

第五章

史志目录

　　我国历代官书及私家底校录，略如上述。兹当略述史书中之艺文、经籍诸志。官府私家底藏书多遭毁弃，其所校编之目录亦少遗留。因为书目本身枯燥无味，不为一般学者所喜诵习，偶遭事变，便易亡佚。故不但传钞少而孤本单行的书目，罕存于现代，即曾刊版行世的《崇文总目》，亦已无从见其全豹。只有历代正史中的艺文、经籍志，得以留传下来，我们还可藉以考见那时代书籍的大概情形。刘知幾底《史通·书志篇》独以艺文志为无用，一则曰："前志已录而后志仍旧，篇目如故，频烦互出，何异以水济水，谁能饮之乎？"二则曰："著《隋书》者……广包众作……百倍前修，非惟循覆车而重轨，亦复加宽眉以半额。"三则曰："艺文一体，古今是同，详求厥义，未见其可；愚谓凡撰志者，宜除此篇；必不能去，当变其体……惟取当时撰者，庶免讥嫌。"刘氏论作史，特重一"简"字，且生当唐代全盛之时，藏书丰富，古籍俱存，故有此主张。不知经安史、黄巢诸乱之后，秘书亡佚殆尽，后来学者欲知古书大概情形，乃不得不求之于《汉书》《隋书》之志。即此，可见史志底重要，刘氏底偏见了。

史书采入书目，始于班固之《汉书·艺文志》。班氏序中先述刘向领校秘书，其子歆卒父业，于是总群书而奏《七略》，即继之曰"今删其要，以备篇籍"。故其体例实与《七略》无异，除删去《辑略》外，即六略及各类之小序，也是《七略》原文；所录各书，除班氏自己注明出入者外，也都是《七略》之旧。《六艺略》"书类"云："入刘向《稽疑》一篇。"颜师古注："此凡言入者，谓《七略》之外，班氏新入之也；其云出者与此同。""小学类"云："入扬雄、杜林二家。"《诸子略》"儒家"云："出扬雄一家。"《诗赋略》"陆贾之属"云："入扬雄八篇。"这是"入"的例。《六艺略》"乐类"云："入淮南刘向等《琴颂》七篇。""春秋类"云："省《太史公》四篇。"《六艺略》总计云："出重十一篇。"《兵书略》"兵权谋"云："省伊尹、太公、管子、孙卿子、鹖冠子、苏子、蒯通、陆贾、淮南王。""兵技巧"云："省墨子，重。"《兵书略》总计云："省十家，重。"这是"出"的例。又有改入他类者，如《司马法》，出自《兵书略》"兵权谋"，入于《六艺略》"礼类"；《蹴鞠》，出自《诸子略》"杂家"（今"杂家"后总计一条下云"入兵法"。按《诸子略》后总计条下云："出《蹴鞠》一家。"陶曾宪谓"入兵法"三字上脱"出《蹴鞠》"三字），入《兵书略》"兵技巧"。改隶他类的二书，是班氏认为《七略》归类不妥；其省出十家，班氏认为儒家已有孙卿子、陆贾，道家已有伊尹、太公、管子、鹖冠子，墨家已有墨子，纵横家已有苏子、蒯通，杂家已有淮南王，不必重复。所入的书，仅刘向、扬雄、杜林三家，从刘歆奏《七略》以后，至班固时，不应仅此三人撰述。由此可以推知，班氏之撰《汉志》，完全是依据《七略》，而不是依据东汉时兰台、东观等处底现藏书籍的。因为班固虽曾校书，其撰《汉书》则是私人著述，要根据藏书，事实既不可能，记忆亦万不能及。而郑樵斥为"倘非惮烦，即为浅识"，未免太苛。《汉志》是第一篇著录图书的史志，所以后人多注意它，加以考证注解者不少。如王应麟有《汉书艺文志考证》，姚振宗有《汉书艺文志拾补》《汉书艺文志条例》，刘光蕡有《汉书艺文志注》，姚明煇有《汉书艺文志注解》，顾实有《汉书艺文志讲疏》，李笠有《汉书艺文志汇注笺释》，李赓芸有《汉书艺文志考误》等。

范晔《后汉书》不志艺文，《三国志》《晋书》及南北朝诸正史亦然。虽晋末袁山松有《后汉书艺文志》，见《七录序》及《古今书最》，而其书不存。故今存史志，《汉志》而外，以《隋书·经籍志》为最古。史志中亦惟《汉志》《隋志》有小序，足以考见学术流派。《隋书》十志，原名《五代史志》，长孙无忌及于志宁、李淳风、韦安仁、李延寿、令狐德棻等撰。因为当时梁、陈、齐、周、隋五史并修，故兼该五代，特以隋居最后，故志列

《隋书》中。其著录群书,必分别注明"今亡",或"今残缺",殆根据《七志》《七录》,然后以官家藏书核之。序中自称:"其旧录所取,文义浅俗、无益教理者,并删去之;其旧录所遗,辞义可采,有所弘益者,咸附入之。"则又以主观的见解,加以删增了。故佛、道之书,并见《七志》《七录》,《隋志》则径删其书,仅举部名卷数而已。又荀勖底四部,仅分甲、乙、丙、丁四类,不立名称,《隋志》则径定其名曰"经""史""子""集"。于是四部分类成为固定了。其小序所论学术源流,亦多舛误。章宗源有《隋书经籍志考证》,仅存史部;姚振宗底《隋书经籍志考证》,则既完全而又精博。此外,如张鹏一有《隋书经籍志补》,杨守敬有《隋书经籍志补证》,李正奋有《隋代艺文志》,都是补正《隋志》的。

刘昫等所撰的《旧唐书》有《经籍志》,欧阳修、宋祁等所撰的《新唐书》有《艺文志》。《旧唐志》以毋煚底《古今书录》为蓝本,嫌其"卷轴繁多",故"并略之,但纪篇部"(《旧唐书》序语),正和班固删取《七略》以成《汉志》相类。但《汉志》于《七略》中之小序,都采而存之;《旧唐志》则删《古今书录》底小序及小注,故省四十卷为一卷。《古今书录》虽名曰"古今",实据当时秘书省及诸司之藏书而录其目,故《旧唐志》所录唐代以前的人之著作,并非尽录古书,不问存佚的。其序又曰:"天宝以后,名公各著文篇,儒者多有撰述,或记礼法之沿革,或裁国史之繁略，皆张部类，其徒实繁。臣以后出之书，在《开元四部》之外，不欲杂其本部。今据所闻，附撰人等传。其诸公文集，亦见本传，此并不录。"以五代人撰《唐书》，志一代之著述，而割天宝以后不录，真是怪事了！故《新唐志》增录唐代人底著作，至二万八千四百六十九卷之多。惟唐末黄巢之乱，秘府官书殆尽已毁散，《新唐志》所增者，未必即为北宋时的藏书。难道德宗贞元、文宗开成时两次校录官书底目录，北宋时还幸而存在，故欧、宋等得以依据吗？

宋代所编的"国史"，先后有三种：一是吕夷简等所撰的《三朝国史》（记太祖、太宗、真宗三朝），其《艺文志》以真宗咸平时朱昂、刘承珪等校录的《馆阁书目》为依据；二是王珪等所撰的《两朝国史》（记仁宗、英宗两朝），其《艺文志》以仁宗庆历时王尧臣、欧阳修等所校录的《崇文书目》为依据；三是李焘等所撰的《四朝国史》，其《艺文志》以徽宗政和时孙觌、倪涛等所校录的《秘书总目》为依据。"《三朝》所录，《两朝》不复登载，而录其所未有者；《四朝》于《两朝》亦然。"（见《宋史·艺文志》）元托克托主撰的《宋史》，其《艺文志》于北宋以前之书，即取材于北宋底三种国史。而南宋之书，则系取材于孝宗淳熙时陈骙等所录的《中兴馆阁书目》，理宗嘉定时张攀等所续录的《中兴馆阁续书目》。因北宋、南宋校录官书的诸目，前后书籍底有无增损，互有异同，而《宋志》合之为一志，故重复错乱极了；宋末之书，又未收录；《四库书目提要》讥为诸史志中之最丛脞者，诚非苛论。卢文弨撰《宋史艺文志校正》，近人刘纪泽亦撰《宋志匡谬》，赵士炜更辑《宋国史艺文志》，都以补正《宋志》底阙误为旨。

明神宗万历时，焦竑领国史馆，仅成《经籍志》，这是明代底《国史经籍志》。焦氏在明代学者中，以渊博著，而此志"丛钞旧目，无所考核"（用《四库书目提要》语），而"延阁、广内之藏，又无从遍览"（用《明史》语），故所录之书不全。但每类各有小序；部类虽仍四部，而子目多依郑樵《通志·艺文略》；且仿《文渊阁书目》特增"制书"一部；又有附录，专纠《汉志》至《文献通考》底分类之误。可见他底注意力萃于分类，而忽于记录书名。清世祖顺治时，傅维麟分纂《明史》，私撰《明书》，成《经籍志》。录明代殿阁皇史宬内通籍库藏书，序中述明代敕撰书籍事颇详，而分类全依《文渊阁书目》，所录之书多宋元旧本，明人新作很少。圣祖康熙十八年，倪灿、尤侗等修《明史》，合撰《艺文志》。倪氏《明志序》曾言："今文渊之书既不可凭，且其书仅及元季，故特更其例，去前代之陈编，纪一朝之著述。"又以"《元史》既无艺文志，《宋志》咸淳以后多缺"，故"并取二季以补其后，而附以辽、金之仅存者，萃为一编"。但因"多采之私家，故卷帙或有不详"。至今二十四史中之《明史》，为高宗乾隆初张廷玉等所进，惟志序略有改动，书目部卷全同康熙末王鸿绪主修之

《明史·艺文志》。王《序》自言"爰取士大夫家藏目录，稍为厘次；凡卷数莫考，疑信未定者，宁阙而不详云"（见《明史稿》）。此志实以黄虞稷底《千顷堂书目》为依据。黄《目》凡《宋志》以前所录之古籍皆不收；但为弥补《宋志》咸淳以后遗漏，及辽、金、元三史无艺文志之缺，于每类明代著述之后，附录宋末及辽、金、元三代底书目；明代著述，则据所藏所见备列之；每书卷数之外，兼注撰人略历；在私家著录中，以详实称。《明志》以此为蓝本，但举不记卷数之书而删之，故较黄《目》特少。且清帝于明季底著作，忌讳甚多，因而被删者，当亦很多。近人谢国桢撰《晚明史籍考》，颇足补《明志》之缺。

清史，民国初曾设馆修撰，由赵尔巽主其事，其《清史稿》中亦有《艺文志》，曾经缪荃孙之手，但迄未成书。且西洋译书，满、蒙、回、藏文底著作，及新出的小说杂志与其他书籍，也概未采入。先是，清宣宗道光时，有黄本骥撰《皇朝经籍志》，但系钞撮《四库总目》中清代人所著之书。其能补《四库全书》者，则阮元有《四库未收书提要》，郑文焯有《国朝著述未刊书目》，朱记荣有《国朝未刻遗书志略》等。

据上文所述，二十四史中，只有《汉书·艺文志》《隋书·经籍志》《旧唐书·经籍志》《新唐书·艺文志》《宋史·艺文志》《明史·艺文志》六种记书目的志，所以补撰史志者颇多。补《后汉书》艺文志的，自清乾隆初到现代，著名者有厉鹗、钱大昭、洪饴孙、劳颧、侯康、顾櫰三、姚振宗、曾朴八人。钱《志》仅录书目撰人，最略；侯《志》无集部，不全；顾《志》附《经学师承》一篇，是其特色；姚《志》所收之书倍于《汉志》，最博。补《三国志》艺文志的，有侯康、姚振宗二人。侯《志》子部仅成小说家以前，农家之后有录无书，集部全缺，殆与其《补后汉志》同为未成之书。姚《志》则与其所补《后汉志》同样详博。补《晋书》艺文志的，有丁国钧、秦荣光、黄逢元、文廷式、吴士鉴五人。丁《志》特立"黜伪""存疑"二类，秦《志》辑录典籍掌故，黄《志》撰述各类小序，文《志》长于考证，吴《志》独名"经籍"，书多而文简，可说各有所长。补南北朝史志的，则徐崇有《补南北史艺文志》，仅取材于《南史》《北史》底纪传，其书名不见于南北史者，别为《载记》一篇。聂崇岐有《补宋书艺文志》，亦仅取材于《隋志》《唐志》，不更求之于《宋书》《齐书》。陈述有《补南齐书艺文志》，李正奋有《补后魏书艺文志》，都是近人底著作。至于元蔡珪、清汪士铎底《补南北史志》，则都已亡失了。倪灿、尤侗合撰《明史·艺文志》，以《宋志》缺咸淳以后，《元史》不志艺文，故取宋、元，并附辽、金，附于《明志》，萃为一编，上文已经提及。这是补志之史。卢文弨乃将此部分提出，加以补订，为《宋史艺文志补》及《补辽金元史艺文志》。金门诏又撰《辽金元三史艺文志补》，但不及卢《志》之详。钱大昕撰《元史艺文志补》，附见辽、金之书，较卢《志》丰富。

魏源底《元史新编》，其《艺文志》即录钱《志》，稍加补充。其专补辽志者，有厉鹗底《辽史拾遗》，缪荃孙底《辽文存》，王仁俊底《辽史艺文志补证》，黄任恒底《补辽史艺文志》；补金志的有杭世骏、郑文焯二人，补元志的有张景筠。日本人尝合刊《汉志》《隋志》《唐志》《新唐志》《宋志》《明志》及倪、尤《明志》中《宋辽金元志补》、金门诏底《三史艺文志补》、钱大昕底《元史艺文志补》，名曰《八史经籍志》。杨家骆辑《历代经籍志》，上册为历代经籍总目，下册仅录正史六志及文《志》、倪《志》、金《志》、钱《志》四种补志，而删其考据之语。收罗补志最多，且能保其原状，不加删易者，当首推开明书店出版、王钟麒所辑的《廿五史补编》[①]。

南宋初，郑樵所撰的《通志》，本是一部纪传体的通史，而其精力全萃于《二十略》。中有《艺文略》《图谱略》《金石略》三篇，通纪南宋以前的书籍、图谱、金石，又有《校雠略》一篇以述其分类底理论。他认为编次目录，必纪亡书，故《艺文略》实通纪彼时古今存亡的书目者。此《略》原为单行，名曰《举书会记》，本亦私家校录的书目；但既采入《通志》，当然应列之史志了。其所依据的，除《汉志》《隋志》《唐志》《新唐志》之外，尚

[①] 按，王钟麒，即王伯祥。曾任开明书店编辑，1952年调入文学研究所工作，著有《史记选》等书。《廿五史补编》即1936年至1937年开明书店辑印之《二十五史补编》。

有《崇文总目》《北宋馆阁四库书目》《道藏书目》，及当时私家校录的《荆州田氏目录》《障州吴氏书目》等。虽书名底误漏重复，在所难免；分类当否，尚为疑问；《大藏目录》似未及收，佛书仅三百三十四部；而其旨在包括古今，范围极广，野心极大，实可钦佩。宋末元初，马端临撰《文献通考》，则为通史性的文化史，其中的《经籍考》，除宋馆阁之书外，大体以晁公武、陈振孙二家为依据，兼及《汉志》《隋志》《新唐志》，宋《三朝》《两朝》《四朝》《中兴》各国史艺文志、《崇文总目》、《通志·艺文略》，以至各史列传、各书序跋与各家文集语录中有关系的文字，而且每书有解题，每类有小序，比郑《略》仅列书目详得多。清乾隆时敕撰《续文献通考》（续马《考》至明末）、《皇朝文献通考》、《续通志》（续郑《志》至明末）、《皇朝通志》，虽亦著录图书，而《通考》则撮取清初少数学者论考古书的话，《通志》则惟录书目，而其所收之书，几全钞《四库提要》，其分类也依违于郑、马与《四库》之间。民国初，刘锦藻撰《续皇朝文献通考》，收清高宗以后之书，但也不能完备。这种通史艺文志，诚为需要，但其工作实非常艰巨，非以国家底力量，得学识精力俱绝者任之，断难成功。

第六章

专门目录

前数章所述，无论官书、私藏、史志底目录，都是一般的、普通的群书总目。其中尚有一部分特殊的书，编纂目录者，无以名之，名之曰"专门目录"。兹撮述其略史如次。

（一）经学书目。《汉志》承《七略》，首录《六艺》，附以《小学》，且缀《国语》《国策》《楚汉春秋》《太史公》诸书于《春秋》，《尔雅》《小雅》于《孝经》；《晋中经》改称"甲部"；《七志》正名"经典"，而史记杂传又厕其间；《七录》始排除纪传，划清界限；《隋志》而后，乃有"经部"，但疆域虽分，仍只为四部之一，未尝独立为专门的目录。经书之独立编目，殆自《宋志》所录欧阳伸（一作"坤"）底《经书目录》始。《隋书》志书籍，不曰"艺文"，而曰"经籍"，故"经籍"一词，往往用以泛指各种书籍，故《千顷堂书目》所载的王佐底《经籍目略》，佚名的《国朝经籍考》，未必都是专录经书的。

清圣祖康熙中，朱彝尊撰《经义存亡考》，首列御注敕撰之书，以下分二十六类，末附《家学》《自序》二篇，又欲为补遗二卷。校刻方半，中尚有四篇（《宣讲》《立学》及所附二篇）未成，补遗更未及属草，而朱氏病故。其后，卢见曾、马曰琯始捐资为之刊行，改名《经义考》。此书共三百卷，所集关于经学之书，非常宏富。以书名为纲，先注明历代目录所著卷数；次列著者或注疏者之姓名，并分别注明"存""佚""阙""未见"；次钞录原书序跋；至古今著作中论述此书之语，则以时代为先后而条列之，照录原文，不删易一字，亦不参加己见；虽阙佚之书，苟有可考，也不疏略。故毛奇龄、陈廷敬都竭力赞扬。沈廷芳《续经义考》、翁方纲《经义考补正》，都是补苴这部书的。原书无目录，罗振玉始写之，并附校记。

宣宗道光时，阮元汇刊《皇清经解》于学海堂，有目录，沈豫为撰提要；德宗光绪初，王先谦①辑刊《皇清经解续编》于南菁书院，亦有目录，但未有人为撰提要。阮、王二编是经解的丛书，如能合编目录，仿《经义考》撰成一书，而补以清末人经学的著述，可成"古今经学书目"。其他，如全祖望底《读易别录》、金受申底《清代经学家治诗书目》、张寿林底《清代诗经著述考》，则是专录一经之书的。

---

① 王先谦　底本无，据文意补。

（二）文字学书目。文字学古称小学，因为《史籀》《苍颉》《凡将》《训纂》之类，原都是教学童识字的。《说文》之类，便不当谓为"小学"了。此类书籍，历来都看作经书底附庸，没有专门目录。清高宗末，谢启昆因朱彝尊《经义考》止详于《尔雅》，未及《说文》以下，乃另作《小学考》。此书系谢氏官杭州时，就文澜阁书着手辑撰，未及成编。嘉庆初，重来杭州，乃延陈鳣、胡虔等任之，越五年而成。除敕撰之书弁于首卷外，分"训诂""文字""声韵""音义"四类。近人罗福颐补写目录，乃成一部古今文字学的专门目录。文字学近来益形发达，为撰专门书目者亦日多。如尹彭寿底《国朝治说文家书目》、叶铭底《说文书目》、王时润底《鄦学考目》《研究说文书目》、丁福保底《说文目录》、黎经诰底《许学考》、马师夷初底《清人所著说文之部书目初编》，都是专辑关于《说文》的著述的。此外，尚有刘盼遂底《古小学书辑佚表》、陈光尧底《关系简字书报举要》等。

（三）史学书目。关于历史部分的书目，有撰集编目者，有撰集书目者，又有加以解题者。《史记·五帝本纪正义》引裴松之《史目》以释"五帝本纪"，似系比较各史篇目而释其义者。此后，《旧唐志》有杨松珍《史目》，《通志》说是唐代人。《宋志》有商仲茂《十三代史目》，《郡斋读书志》也说是唐代人，"商"作"殷"。宋人杜镐又以唐五代史书目续之，成《十九代史目》。《新唐志》又有孙玉汝《唐列圣日录目》，此为实录编目之始。《通志》

底曾氏《史鉴目》(《宋志》无"目"字)，则兼录正史及《通鉴》。近人郑鹤声撰《史部目录学》，为正史篇目结一总账。这些都是集录篇目的。其集录书目者，则有故宫博物院、文献馆底《现存清代实录总目》，北平研究院史学研究会底《史部书目稿》，人文图书馆底《中国近代史书目初编》，但皆就其藏书著录，未曾通考存亡。其通录古今史书及有关史学的书，而加解题者，当首推宋末高似孙底《史略》。清高宗末，毕沅官河南巡抚，延章学诚主撰《史籍考》于开封，助之者如洪亮吉、凌廷堪、武亿等，皆一时知名之士。后因毕沅升湖广总督，曾中辍；寻又在武昌续之，而功程已十之八九（见章氏《与阮学使论求遗书书》），而毕沅被降职罚俸，无力完成，藏稿于家。嘉庆初，章氏始得浙江巡抚谢启昆之力，取得原稿，在杭州续之，凡年余。此书究已刊与否不可考，稿亦不知存否，但章氏有《论修史籍考要略》一文，可以见此书底梗概。总之，可与《经义考》同为不朽之大业。

宣宗时，有许瀚为潘锡恩修《史籍考》，其《攀古小庐文》中载有例目。德宗初，余苹皋又撰《史书纲领》。此二书或为章氏《史籍考》底化身，也未可知。此外，谢国桢有《晚明史籍考》《清开国史料考》《晚明流寇史籍考》《清初三藩史籍考》，朱师辙先有《萧梁旧史考》《西夏史籍考》，夏廷棫有《五代史书目》，是考录断代的史书的。张澍有《古今姓氏书目考证》，梁廷灿有《年谱考略》，陈乃乾有《共读楼所藏年谱目》，以及故宫博物院底清代各种档案目录（如《内阁大库现存清代汉文黄册目录》《雍正硃批谕旨不录奏折总目》等），都是有关史料的目录。

（四）地理书目。姚名达说，地理书之有书目，当始于南齐。《隋志》称齐时陆澄聚一百六十家之说，编《地理书》；梁任昉又增八十四家，谓之《地记》；此二书搜罗宋、齐以前之地理书，既达二百四十四家之多，其引书目录殆可视为古代地理书籍之专科目录（见《中国目录学史》），但终不能谓为即地理书之目录。《七录》《隋志》，以至清代四库，有"地理"一类，但亦仅为总目底一部分。所以正式的地理书目，当以清初顾栋高底《古今方舆书目》为最早。现在各图书馆收藏"方志"最多者，当推北平图书馆，凡五千二百余种（据民国二十二年〔1933〕统计），依省分类，同省者，依清制府县之序排列，一地有数志者，依时代先后为序，惟未将向列丛书中的方志编入。近人瞿宣颖撰《方志考稿》，仿《经义考》之例，详其书名、撰年、撰人、旧志沿革、类目、体例，并评论其得失，而尤注意于所含的特殊史料，已刊江苏、河南以北八省，署曰"甲集"。但以现存之方志为限，不能遍考亡佚。朱士嘉底《中国地方志统录》，附有统计表十七种，统计图十五种，则并考古今方志，不问存佚。此外，如清宣宗时周广业底《两浙地志录》、张维底《陇右方志录》（包括甘肃、宁夏、青海三省）、萨士武底《福建方志考略》等，则以某一地域底方志为范围。方志以外，则有黑白学会底《研究中国东北参考书目》、姜仲明底《康藏问题论文索引》等，以现况为主；王庸底《明代北方边防图籍考》、泖支底《先秦两汉地理图籍考》、王重民底《清代学者地理论文目录》，则以古代图书为主；茅乃文底《地学论文索引》，则以现代著述为主；地质调查所底《地图目录甲编》，则以地图为主。

（五）哲理书目。我国谈哲理之书，首推周秦诸子，而书目极少，高似孙底《子略》、黄以周底《子叙》、王仁俊底《周秦诸子叙录》、胡韫玉底《周秦诸子书目》，与王重民之专考一书版本的《老子考》，是有数的哲理书目。张耀翔底《心理学论文索引》、张培得底《心理学论文引得》、查士元底《世界哲学名著提要》、庄泽宣底《一个教育的书目》、郑宗海底《英美教育书报指南》、吕绍虞底《中国教育书目汇编》、舒新城底《中国教育指南》、刘澡底《民众学校论文索引》，则是关于现代的哲学、心理、教育诸科的。

（六）社会科学、自然科学书目。有专录古今法律书者，如孙祖基底《中国历代法家著述考》、谢冠生底《历代刑法书存亡考》、震旦大学底《法学书目》；有泛录社会科学者，如徐嗣同底《社会科学名著题解》、萧瑜底《社会学书类编》、言荣彰底《社会调查及社会统计书目》等；清梅文鼎底《勿庵历算书目》，以其自著的历学、算学书为限；余如丁福保底《算学书目提要》、裘冲曼底《中国算学书目汇编》、李俨底《中国算学书目》《明代算学书志》、钱宝琮底《若水斋古今算学书录》，是专录算学书的；清末王景沂底《科学书目提要初编》、交通大学图书馆底《三十五年来中国科学书目初编》、震旦大学底图书馆底《科学书目》，是泛录一般自然科学书的。

（七）应用技术书目。西汉时，张良、韩信已序次兵法，杨仆已撰《兵录》，上文曾屡言之。近人陆达节撰《历代兵书目录》，录古代至清末存亡的兵书。中央陆军军官学校图书馆有《军事学图书目录》。这是关于军事的。清末王树兰底《农务要书简明目录》、毛雕底《中国农书目录汇编》、汪仲毅底《中国昆虫学文献索引》、沙玉清底《中国水利旧籍书目》、茅乃文底《中国河渠水利工程书目》、万国鼎底《中国蚕业书籍考》、冯择其底《世界棉作名著汇录》，是关于农桑的。明殷仲春底《医藏书目》、李濂底《医书目》，清末丁福保底《历代医学书目》，近人曹炳章底《历代医学书目考》，日本人多纪元胤底《医籍考》，是关于国医的。这些都是应用技术书目。

（八）文学书目。《隋志》有晋荀勖底《杂撰文章家集叙》（《新唐书》作"新撰"，《三国志·王粲传注》作"文章叙录"）；《隋志》挚虞《文章流别集》下注云："又有《志》二卷，《论》二卷。"文学目录，当以荀氏底《文章叙录》，挚氏底《文章志》为最早。此后，顾恺之有《晋文章纪》，沈约有《宋世文章志》。至如《宋志》所载沈建底《乐府诗目录》，专录乐府诗；唐圭璋底《全宋词初编目录》，赵尊岳底《词籍考》《词籍提要》，则专录词；

王国维底《曲录》、宾芬底《元曲叙录》、卢前底《散曲书目》、黎锦熙底《元杂剧总集目录》、宋春舫底《褐木庐藏剧目》、姚逸之底《湖南唱本提要》，则专录曲及戏剧；孙楷第底《中国通俗小说书目提要》，蒲梢底《中译苏俄小说编目》，则专录小说；陈光尧底《中国古今民众文艺书目提要》，则专录民众文学；杨殿珣底《中国文学史译著索引》，则专录文学史；朱保雄底《汉志辞赋存目考》，则专录赋；钱基博底《清代别集解题》、浙江省立图书馆底《别集索引》，则专录别集；张陈卿底《文学论文索引》，则专录关于文学的论著；黎锦熙底《三十年来中等学校国文选本书目提要》，则并录学校国文选本了。这些都是关于"集部"的书目，纯文艺也有，一般的文章也有。

（九）艺术目录。书和画是我国最高尚的艺术，故书画目录底发生很早。有专录法书的。如南朝宋虞龢底《二王镇书定目》（二王指王羲之、献之）、《羊欣书目》、《钟张书目》，唐褚遂良底《右军书目》，是仅收一二人底法书的；明张丑底《南阳法书表》，是仅收南阳底法书的；梁傅昭底《法书目录》、隋姚最底《法书录》、唐朱景玄底《书品目录》，则不限何人何地。宋徽宗敕撰《宣和书谱》，分列篆、隶、正、行、草、分六体，并载作者小传，加以评论；米芾撰《书史》，更详收藏家、纸本、印章、跋尾兼及轶闻故事，评语亦颇精到。有专录名画的。当以南朝梁武帝敕撰的《太清图画目录》为最早[①]。此书何法盛《中兴书》辑本言其采陆探微至范惟贤四十二人为四十二品，而不著其书名。唐裴孝源《贞观公私画史》以《太清目》有无分注，太清为梁武帝年号，或即指此书。郭若虚《图画见闻志》谓齐高帝撰有《名画集》，或亦即此书。宋徽宗又尝敕撰《宣和画谱》，分（1）道释，（2）人物，（3）宫室，（4）蕃族，（5）龙鱼，（6）山水，（7）鸟兽，（8）花木，（9）墨竹，（10）蔬果十门，每人一传，与《书谱》同。米芾《书史》之外，又有《画史》，亦加评语，兼述裱褙，及赏鉴收藏等杂事。张丑又有《南阳名画表》，以及张泰阶底《宝绘录》，庞元济底《虚斋名画录》，秦誉底《曝画记余》，都是些名画录。其兼作考证者，如清胡敬底《南薰殿图像考》；兼录题跋者，如吴芝瑛底《小万柳堂王恽画目》；详述画意者，如清张庚底《图画精意识》。有兼录书画的，当以《隋志》中《陈秘阁图画法书目录》为最早，而以清高宗敕撰的《秘殿珠林》为收藏最富，著录最详。宋末周密底《云烟过眼录》，则兼及古器；明朱存理底《珊瑚木难》、项药师底《历代名家书画题跋》，则兼录题跋；明汪砢玉底《珊瑚网》则杂记关于书画的闻见；清初顾复底《平生壮观》则记内容，并加论辨；高士奇底《江村消夏录》，并考订源流，详记绢素，附

[①] 按：据姚名达《中国目录学史·专科目录篇》考订，"《贞观公私画史》列举大画名目，俱以'《太清目》所有''《太清目》所无'分注。因知梁武帝太清初年撰有《图画目录》"。姚说可信。太清为梁武帝年号，此及下文"齐高帝"俱改为"梁武帝"。

加己见；而终以清圣祖时卞永誉底《式古堂书画汇考》，通考古今，分别门类，眉注圈识，正文外录，为能集书画录之大成。但以上所举，其内容都是法书与图画，而非书画书之目录，惟近人余绍宋底《书画书录解题》，方为书画之书，撰一总目，分（1）史传,（2）作法,（3）论述,（4）品藻,（5）题赞,（6）著录,（7）杂识,（8）丛辑,（9）伪托,（10）散佚十部，首列总目叙略，于各书下注明撰人及书之内容，末附未见之书，每书必有解题，并择录序跋，散佚者亦加征引，并有《著书时代一览表》及《著者索引》，方可谓为有关目录学的巨著。

书画之外，如周庆云底《琴书存目》《琴书别录》，袁同礼底《中国音乐书举要》，杜竟底《知见音乐书草目》，周连宽底《中国美术书举要》，也都是艺术类底书目。

（十）金石目录。所谓金石目录，有四种：一为记器物者，二为记拓印之文字者，三为记研究之题跋者，四为记录前三项之书者。集金石题跋为一书，始于北宋欧阳修底《集古录跋尾》；其子棐，又撮之为《集古目录》。北宋末赵明诚、李清照夫妇底《金石录》，前十卷录古物，后二十卷录跋尾。赵氏又有《诸道石刻录》，则依郡县区分，王象之底《舆地碑记目》同。田棨底《京兆金石录》，则专记一地。清宣宗时李遇孙底《金石学录》，则记古今金石学家有关金石的著作，陆心源、褚德彝均曾续之。文宗时沈涛有《金石著录考》，清末叶铭有《金石书目》，以及田士懿底《金石名著汇目》、黄立猷底《金石书目》、容媛底《金石书目》，都是著录关于金石的书的。黄目分十类：（1）金文，（2）石文，（3）匋文，（4）骨文，（5）地方，（6）法书，（7）义例，（8）题跋，（9）汇考，（10）目录，其标准至不一律，且未收印谱，而附录美术杂志，未免为例不纯。容氏底分类较好：（1）总类，（2）金类，（3）钱币类，（4）玺印类，（5）石类，（6）玉类，（7）甲骨类，（8）匋类，（9）竹木类，（10）地志类。收书八百二十三种，并择录杂志中之论文，附方志中之金石志，颇称精详。各家都无解题，惟林钧底《石庐金石书志》录题跋印记，且述各书大旨及同异。分类十二：（1）分地，（2）断代，（3）录文，（4）存目，（5）图谱，（6）石经，（7）记载，（8）考证，（9）释例，（10）字书，（11）法帖，（12）杂著，则以书之体例为标准。但亦有自乱其例之处，即"石经""法书"二类是。所录金石书九百六十九种，而金石拓本不与。其专录甲骨文书籍者，则有李星可底《甲骨学目录》，陈准底《殷契书目录》，邵子风底《甲骨书录解题》《甲骨论文解题》。此外，如叶铭底《叶氏印谱存目》、罗福颐底《印谱考》，李文裿底《冷雪盦知见印谱录目》，是关于玺印的；宗惟恭底《癖泉书室所藏泉币书目》，是关于钱币的。这些虽非金石书录，其所录之书也和金石书性质相类。按章学诚《史籍考》，于目录部设"金石"一类，张之洞《书目答问》亦于史部立一"金石门"。而《四库书目》则把金石书分作三部分："集录古刻，条列名目者，从《宋志》入'目录';其博古图之类,因器具而及款识者,别入'谱录';石鼓文音释之类,从《隋志》别入'小学'。"并分"目录"类为"经籍""金石"二子目。

要之,著录金石器物及所拓印的文字而研究之,则为金石学之事;著录记金石器物,或记拓印文字,或记研究金石的题跋与论文之书籍,则为目录学之事。虽其区别似甚微细,而确有其界限。上节所述记书画的目录,与记书画书的目录,其不同也是在这一点。

第七章

宗教目录上（佛教）

各种宗教各有其经典论记，书籍既多，乃各有其书目。此类宗教典籍的目录，也是专门目录底一种。因为我国佛教藏经特多，道教模仿佛教，也有道藏，而其书与书目，向来都为一般人所不注意，自成一个园地，所以把它们提出来，另立一章，撮述大概情形。近代传入的基督教底书目，亦附见于此。

（一）佛教书目

佛教之入中国，一般人都以为在东汉明帝时。其实，西汉哀帝元寿元年，已有博士弟子秦景宪[1]从大月氏王使伊存[2]口受《浮屠经》了（裴松之《三国志注》引鱼豢《魏略·西戎传》）。及东汉明帝时，楚王刘英为浮屠斋戒祭祀，奉送缣帛以赎罪愆，诏令还赎以助伊婆塞桑门之盛馔（见《后汉书》）。但汉法虽听西域人

---

[1] 秦景宪 《三国志》裴松之注作"景卢"，《魏书·释老志》作"秦景宪"。
[2] 伊存 底本作"依存"，据《三国志》改。

得立寺都邑以奉其神，汉人则皆不得出家（见慧皎《高僧传》）。章、和以降，梵文虽至，但亦有译乃传，无译乃隐（见僧祐《出三藏记集》）。魏帝曹髦时，颍川人朱士行出家以后，西行求经；晋武帝时，敦煌人竺法护随师至西域，及归，译经一百四十五部（见同上）。盖自魏晋以后，译经始盛。朱士行、竺法护底撰译经目录，尚可见于后世众经之称述。荀勖底《晋中经》也已录及佛经（见《广弘明集》引《古今书最》）。东晋时，支敏度撰《经论都录》《经论别录》，通录古今，并似已有分类。但奠定佛录之基础者，终推东晋时释道安底《综理众经目录》。

道安，常山扶柳人，少尝师事佛图澄，避乱南下，后为苻坚所敬信，劝坚召鸠摩罗什于龟兹，定僧尼以"释"字冠法名之制。后卒于长安。其《综理众经目录》，旨在"诠品译才，标列岁月"。如于《阿阇世王》《宝积》等十部经评云："似支谶所出。凡此诸经，皆得本旨，了不加饰，可谓善宣法要，弘道之士也。"（见僧祐《出三藏集记》引）于《五盖疑结失行经》注云："不似护公出。《记》云：永宁二年四月十二日出。"（见同上）所录自安世高至法立，凡十七家，并依年代为次，逐家汇立；一家经目列毕，则另记译人姓名、译经始末、译笔优劣为一段。这一类，或称"经论录"，或称"本录"。其摘译者，则编之于末。自《道地要语》至《四姓长者》九十二经，古时已有异译，另为一类，曰"古异经录"。自《修行本经》至《和达经》，一百三十四部，不详译人，又另为一类，曰"失译经录"。此仅指中土失译之经，"关中""凉土"二录，并阙译名，各为一类。又检出伪经二十六部，别列一类，曰"疑经录"。其自注众经及杂志，又另为一类，附于末，曰"注经及杂志录"。道安底目录虽已亡佚，尚可从僧祐底《出三藏记集》中见其梗概。僧道宣尝赞之曰："众经有据，自此而明；在后群录，资而益广。"（见《大唐内典录》）所以这部《综理众经目录》虽只有一卷，倒是佛经目录底开山祖。道安底弟子僧叡底《二秦众经目录》，则是续补道安，录苻秦、姚秦兼及北凉新译之经的。

南北朝时，译经日多，目录亦日多。道安底弟子慧远入庐山，创东林寺，讲佛学，出经甚众。其弟子道流、道祖，撰断代的佛经目录，曰《魏世经目录》，曰《吴世经目录》，曰《晋世杂录》，曰《河西经目录》。（见《大唐内典录》）此外，据费长房《开皇[①]三宝录》所引，似尚有《汉世经目录》。五种各自单行，并无总称，故佛书断代的目录，以此为始。宋王俭《七志》，佛经别为一录，附于《七志》之后，而在其内。南齐时，有释王宗底《众经目录》、释道慧底《宋齐录》。前者通录古今，并分别"大乘""小乘"；后者专录宋、齐二代译经，上及东晋之末，似系续道流、

---

① 皇　底本讹作"定"。《事钞记》卷二引《资持记》云："费长房，后周高僧，周武灭法，遂为翻经学士；隋文帝开皇十七年，撰《历代三宝录》，凡十五卷，今见《大藏》。"《历代三宝录》又称《开皇三宝录》。

83

道祖所撰者。又有无名氏底《众经别录》。此录分类，有三种标准：（一）教义，分大乘经录、三乘通教录、三乘中大乘录、小乘经录、大小乘不判录五类；（二）体质，分篇目阁本录、疑经录二类；（三）文体，分律录、数录、论录三类（见费长房《开皇三宝录》）。由此可见，佛书有大乘、小乘之别，有经、律、数论之别，其中又有完阙、真伪之辨。可惜失去撰人姓名，姚名达疑即释王宗所撰，亦未能断定。梁阮孝绪作《七录》，以佛法录为外篇第一，内分"戒律""禅定""智慧""疑似""论记"五类。

南朝底佛录，当推与阮孝绪同时略早的僧祐所撰之《出三藏记集》。

祐，建康人，入定林寺，受业于律学宗匠沙门法颖。齐时，每讲律，听众常七八百人。晚年，尤为梁武帝所信敬。搜校佛书，造立经藏。命人钞撰要事，为《三藏记》《法苑记》《世界记》《弘明集》等。佛经立藏，实始于祐，佛书目录之现存者，亦以祐所撰之《出三藏记集》为最古。祐自序曰："一撰录记，二诠名录，三总经序，四述列传。录记撰则原始之本克昭，名录诠则年代之目不坠，经序总则胜集之时足征，列传述则其人之风可见。"可见此录内容分这四类。此外尚有"杂录"，实亦书序之类。全书分为十二部分：（1）新集撰出经论录，（2）新集条解异出经录，（3）新集表序四部律录，（4）新集安公古异经录，（5）新集安公失译经录，（6）新集安公凉土经录，（7）新集安公关中异经录，（8）新集续撰失译经录，（9）新集钞经录，（10）新集安公疑经录，（11）新集疑经伪撰杂录，（12）新集安公注经及杂经志录。此十二部分中，有六部分标明"安公"，全为保存道安底《综理众经目录》而设。除此之外，实只分为（1）经论，（2）异出经，（3）律，（4）失译经，（5）钞经，（6）疑经六部。按祐自序，第一部分"经论录"，亦摄入道安原录，接为新录，自汉至梁，通录六代。其同是一经，先后异出，即梵文原本同而有几种译本的，则为第二部分。第三部分，全录佛律，因于僧祐本是律宗。第八部分指道安以后的失译杂经，所谓"或一本数名，或一名数本，或妄加游字，以辞繁致殊，或撮立半题，以文省致异"，由祐"雠校历年，因而后定"的。其中二十六部，"虽阙译人，悉是全典"。五百余部，节钞众经，全典盖寡。"今悉标出本经，注之目下。"第九部分专录"撮举要义"之书。第十一部分，系"祐校阅群经，广集同异，约以经律，颇见所疑"及"近世妄撰"者。"录"前有"记"，如《集三藏录记》《十诵律五百罗汉出三藏记》《菩萨处胎出藏记》，叙佛经结藏底经过，如《胡汉译经文字音义同异记》《前后出经异记》，并释译文异义。"录"后之"序"，专录出经著论之序或后记。"传"则为祐所特撰的高僧传。僧祐在佛教史，在佛教目录学史上，都有特殊地位的。如把"律"从经论中分出，如以"记""序""传"辅目录，保存佛学史料，如对佛书做多年的雠校，判明许多疑经伪经，以及创结佛藏，对于佛教目录及佛教的贡献颇大，不愧为南北朝僧众底巨擘。他底结藏撰录，有一个很得力的助手，就是《文心雕龙》底作者刘勰。《梁书》本传称勰早孤家贫，依僧祐，积十数年，遂博通经论，因区别部类，录而序之。今定林寺经藏，为勰所定。勰既为祐所住的定林寺藏经编目，则祐撰《出三藏记集》时，勰亦必参与执笔了。祐弟子宝唱曾奉敕撰《大梁众经目录》，则是因僧绍底《华林佛殿众经目录》而重撰的宫殿藏经目录。

北朝撰佛录的，则魏有舍人李廓，北齐有僧法上。李廓所撰的《众经录》，分为十类：（1）大乘经，（2）大乘论，（3）大乘经子注，（4）大乘未译经论，（5）小乘经律，（6）小乘论，（7）有目未得经，（8）非真经，（9）非真论，（10）全非经，愚人妄称。法上所撰，即承东魏所藏，稍加增益，而分类不同，其名称如下：（1）杂藏录，（2）修多罗录，（3）毗多录，（4）阿毗昙录，（5）别录，（6）众经钞录，（7）集录，（8）人作录。这两种都是就当时的藏经撰录的，并非是通录古今的。南北朝其他撰佛录者尚多，兹不赘及。

隋文帝、炀帝并佞佛，奉敕撰经录者，先后有法经、费长房、彦琮、智果等。法经撰《大隋众经目录》，与之共事的大德凡二十人。其分类，先以"教义"为标准，分"大乘""小乘"二类，又各以"文体"分"经""律""论"三类，又各以"体质"分"一译分""异译分""失译分""别生分""疑惑分""伪妄分"六类，共计三十六类。其非三藏正经,则为"别录",是佛灭度后所记;其中各分为二类,一为"西域圣贤所撰",一为"此方名德所修",共计六类。总凡四十二类。按法上底"修多罗"就是"经","毗多"就是"律","阿毗昙"就是"论",不过译音译义不同。佛书所谓"三藏",就是指这三大类藏经而言。翻经学士费长房所撰,外题《开皇三宝录》,内题《历代三宝记》,只收"经""律""论"三项入藏,不收杂著。所收三项,各分"大乘""小乘",再分"有译""失译"。目凡十五卷,《总目》一卷,《入藏》二卷,《帝年》三卷,《代录》九卷。《自序》云:"《代录》论鉴经翻译之少多,《帝年》张知佛在世之遐迩,《入藏》别识教大小之浅深。"故兼重考年、定代、入藏三者,是其特点。彦琮所撰为《隋仁寿年内典录》(此录或云僧玄琬撰,或竟谓撰者名仁寿,误)。此录共有五分:(1)单本,(2)重翻,(3)别生,(4)贤圣集传,(5)疑伪。除别生、疑伪之外,余三分并录入藏,且亦分"大乘""小乘""经""论""律"。彦琮又有《昆仑经录》,则分为七例:(1)经,(2)律,(3)赞,(4)论,(5)方字,(6)杂书。又著《辨正论》,以重翻译之式,则与目录学无关。至于智果在东都内道场所撰《众经目录》,则分(1)佛所说经,又有三部:①大乘,②小乘,③杂经。(2)疑经。(3)菩萨及诸深解异义、赞明佛理之"论"及"戒律",又各有大、中、小三部。(4)后学者录其当时行事,则谓之"记"。故总其细目,凡十一种。

唐代译经尤盛，目录亦多，兹举其最著者二家：

（一）释道宣之《大唐内典录》。道宣，丹徒人，十六出家，受业于智𫖮律师，受具于智首律师。自隋入唐，与三藏玄奘同受诏译经。著有《法门文记》《广弘明集》《续高僧传》《三宝录》等。所撰《大唐内典录》，分作十例：（1）历代众经传译所从录。仿僧祐及费长房之《代录》，按代记人，汇其所译，依次顺列。费《录》几全部摄入，而考证特审，一经有数译本者，都注明"初出""第二出"……并注明某经初见于某目录中。（2）历代单重人代存亡录。前后异出，人代不同，或单或重，或存或亡，并述译人详其年代，并分别大、小乘，经、律、论，又附西梵贤圣集传。（3）历代众经总撮入藏录。皆据当时现存者，分别大、小二乘，单、重两译。（4）历代众经举要转读录。于异译别行诸经，各择最善一本为代表，例如《华严经》举佛陀跋陀所译的六十六卷本，《涅槃经》举昙无谶所译的四十卷本。为佛经之要目，足为读者之指南。（5）历代众经有目阙本录。此类为目存书亡的佛经，录之以为将来采访之资。（6）历代道俗述作注解录。专录佛经注解。（7）历代诸经支流陈化录。此录"别生"诸经，法经对此绝对排斥，道宣则相对地保存。（8）历代所出疑伪经论录。法经于可疑之经及伪妄之经分为二项，道宣合而为一。（9）历代众经录目始终序。这是道宣以前的佛教目录史。（10）历代众经应感兴敬录。此录全属佛教感应的故事，与目录无关，当为附录。道宣此录，虽释智昇谓有"八误""八不然",而其体例之完善,内容之精详,殆可谓空前,故梁启超极称之。

(二)释智昇之《开元释教录》。智昇为长安崇福寺大师,兼习大、小乘,尤善毗尼宗。其《开元释教录》,分《总录》《别录》二部分。《总录》总括群经,自汉至唐,所有翻述,具帝王年代,并译人本事,所出教等,以人代先后为次,兼叙目录新旧异同,与道宣之《历代众经传译所从录》及《历代众经录目始终录》颇相类似,也和刘歆底《辑略》用意相同。但其精华所在则在《别录》。共分七大部分,撮述如次:

第一,有译有本录。又分三部:(甲)菩萨三藏录,皆"大乘"。再分三藏:1.《菩萨契经藏》,即"经"。复分二类:(1)大乘经单重合译,子目有六:一曰《般若经》新旧译,二曰《宝积经》新旧译,三曰《大集经》新旧译,四曰《华严经》新旧译,五曰《涅槃经》新旧译,六曰五大部外诸重译经。(2)大乘经单译。2.菩萨调伏藏,即"律"。3.菩萨对法藏,即"论"。复分二类:(1)大乘释经论,(2)大乘集义论。(乙)声闻三藏录,皆"小乘",此非佛金口所宣,为诸圣依宗赞述。仍分三藏:1.声闻契经藏,即"经"。亦分二类:(1)小乘经单重合译,子目亦六:一曰根本四阿含经,二曰长阿含中别译经,三曰中阿含中别译经,四曰增一阿含中别译经,五曰杂阿含中别译经,六曰四阿含外诸重译经。(2)小乘经单译。2.声闻调伏藏,即"律"。又分二类:(1)

正调伏藏,(2)调伏藏眷属。3.声闻对法藏,即"论"。亦分二类:(1)有部根本身足论,(2)有部及余支派论。(丙)圣贤传记录,分五类:1.赞扬佛德者,2.明法真理者,3.述僧行轨者,4.摧邪护法者,5.外宗异执者。五类中又各分"梵本翻译""此方撰述"二种。

第二,有译无本录。所载为名存书亡的佛经。也分三部:(甲)大乘经阙本,又分六类:1.大乘经重译阙本,2.大乘经单译阙本,3.大乘律阙本,4.大乘论阙本,5.大乘释经论阙本,6.大乘集义论阙本。(乙)小乘经阙本,又分四类:1.小乘经重译阙本,2.小乘经单译阙本,3.小乘律阙本,4.小乘论阙本。(丙)圣贤集传阙本。

第三,支派别行录。此指大部经中,钞出别行之经,即所谓"别生"者是。又分十五类:大乘别生经,有1.《般若》部中别生,2.《宝积》部中别生,3.《大集》部中别生,4.《华严》部中别生,5.诸大乘经中别生,6.大乘律别生,7.大乘论别生。小乘别生,有1.《长阿含》部分别生,2.《中阿含》部分别生,3.《增一阿含》部分别生,4.《杂阿含》部分别生,5.诸小乘经中别生,6.小乘律别生。此外又有圣贤集传别生。此十五类[1],仍可摄为"大乘""小乘""圣贤集传"三项。

---

[1] 按,十五类,包括"大乘别生经"七类,"小乘别生"六类,下文"圣贤集传别生"实际上也有二类,即翻译集传、东土集传,故合计为十五类。

第四，删略繁重录。"删繁"与"别生"不同。"别生"从大部经中抽出一部单行，但并不删节，"删繁"则将大部经书删繁摘要，另成一书。此录又分四类：1.新括出别生经，2.新括出名同文异经，3.新括出重上录经，4.新括出合入大部经。

第五，补阙拾遗录。此指旧录阙题，新翻未载诸经。又分四类：1.旧译大乘经、律、论，小乘经、律，圣贤传集，现存而为武后时大周藏中所无者；2.新译大乘经、律、论，小乘经、律，圣贤集传，武后时明佺撰《大周刊定众经目录》以后新译者；3.小乘律戒羯磨，撰述有据，盛行于时，未曾编入者；4.此方所撰集传，未入录者。

第六，疑惑再详录。此指真伪交参，是非相涉诸佛书，分别录之，以俟将来明达高人，再为详定。

第七，伪妄乱真录。此则经智昇考定，确为伪经。又分十三类：1.《开元释教录》新论伪经，2.苻秦释道安录中伪经，3.梁僧祐录中伪经，4.萧齐释道备伪撰经，5.萧齐僧法尼诵出经，6.元魏孙敬德梦授经，7.梁沙门妙光伪造经，8.《隋开皇众经录》中伪经，9.《隋仁寿众经录》中伪经，10.《大唐内典录》中伪经，11.《大周刊定录》中伪经，12.隋沙门信行《三阶集录》，13.诸杂钞经增减圣说。每经皆有考证语，真所谓"如镜照形，无伪不彰"。全录凡二十卷。其中一部分是入藏的，故又可抽出为《入藏录》，分为三部：1.大乘入藏录。2.小乘入藏录。各分

"经""律""论"三类。3.贤圣集。唐以后佛藏，皆依此《入藏录》，垂为定式。其《有译有本录》，又有一种简明本，叫做智昇《开元释教录略出》。这和《四库全书总目》底有简明目录，正是一样的。智昇尝曰："夫目录之兴也，盖所以别真伪，明是非，记人代之古今，标卷部之多少，撦拾遗漏，删夷骈赘，欲使正教纶理，金言有绪，提纲举要，历然可观也。"故"久事搜寻"，"参练同异，指陈臧否"，撰为此录。是其工作，不特分类编目，且亦努力于校勘辨伪了。在佛教目录中，可谓能集大成，至高无上的。此外，尚有玄琬底《众经目录》，静泰底《大敬爱寺一切经目》，明佺底《大周刊定众经目录》，毋煚底《开元内外经录》，圆照底《大唐贞元续开元释教录》《贞元新定释教目录》，但都不及智昇底《开元释教录》。至于玄奘、义净、不空及南唐恒安等底目录，则是译经底目录；靖迈底《古今译经图记》，智昇底《续古今译经图记》[①]，则是记译经图的，不是佛教底书目。

佛经翻译事业，至唐代而极盛；佛教书目，至智昇而登峰造极。自唐德宗时至宋太宗初，中间几二百年，并无著名的译经事业。宋太宗太平兴国七年，始起译场。真宗祥符四年，赵安仁、杨亿始撰《祥符法宝录》。仁宗景祐四年，吕夷简、宋绶又撰《景祐法宝录》。元世祖至元二十二年，庆吉祥又撰《弘法入藏录》

---

① 本书1990年整理本作"靖迈底《古今译经图记》及智昇之续"。

及《拾遗》。这三种都只是译经的目录。庆吉祥又有《至元法宝勘同总录》，方是总录佛书的，但也不能上及智昇。总之，宋、元、明、清，佛教目录，未有能及唐代者。所可注意的，别有二事：（一）元武宗时，尝刊西藏文及蒙古文佛藏。清高宗时，尝刊满洲文佛藏。满、蒙、藏三藏，当亦各有目录。（二）宋徽宗时，释惟白撰《大藏经纲目指要录》，同时清源居士王古撰《大藏圣教法宝标目》，明末，释智旭撰《阅藏知津》，是三部伟大的佛书解题。

第八章

宗教目录下(道教、耶教)

(二)道教书目

老子、庄子、列子等,司马谈谓之"道德家",刘歆、班固谓之"道家"。是学说,非宗教。其后与方士混淆,乃产生所谓"道教",创于东汉末之张道陵(本名陵)。道陵曾官江州令,后弃官入龙虎山,以炼丹符咒之术教人。子衡传之。孙鲁,自称天师君。初,从道陵学道者,须出五斗米,故号五斗米道,其自称则曰太平道。这是原始的道教。其时佛教已渐行于我国,道教底创立,实受其暗示。姚名达谓"道之有教,因佛而兴;道之有经,因佛而成"。确是不错的。道教底学理的基础,至晋葛洪而始充实。魏太武帝时,寇谦之始大弘其教。唐代以道教所崇奉的老子也姓李,高宗、玄宗、武宗先后崇奉。宋真宗、徽宗尤为信仰。元世祖虽曾禁之,其势亦未稍衰。道教既盛,乃亦有所谓"道经"。如东汉张道陵造《灵宝经》,吴葛孝先造《上清经》,晋王浮造《明威化胡经》，鲍静造《三皇经》（后改名《三清经》），齐陈显明造《真步虚经》，梁陶弘景造《太清经》及《章醮仪》，后周张宾、焦子顺、马翼、李运四人又造道家伪经千余卷。并妄注诸子书及他书，拉入道经之中。道经既多，于是也有编目立藏之举。

晋葛洪著《抱朴子》，其中有《遐览篇》，尝曰："遐览者，欲令好道者知异书之名目也。"此篇首叙郑隐得见道家异书底故事，次更列举所谓异书，共有六类：（一）经，如《三皇内文天文元文混成经》等；（二）图，如《守形图》《坐亡图》等；（三）记，如《隐守记》《蹈形记》等；（四）录，如《玄录》《黄仙录》等；（五）法，如《采神药治作秘法》《登名山渡江海劾地神法》等；（六）符，如《自来符》《金光符》等。此外，还有"律""集"等。似乎那时的道书已有这八类。所以道书底分类，可以说滥觞于葛洪，但还不是正式的目录。

南朝刘宋文帝时，道士陆修静始撰《灵宝目经》。《法琳别传》引陆修静答宋明帝之言："道家经书并药方、咒、符、图等，总二千二百二十八卷，一千九百十卷已于行世，一百三十八卷犹隐在天宫。"但《玄都观一切经目》乃说修静所上之目，有六千三百六十三卷之多，《至元石刻道藏尊经历代纲目》竟谓陆修静《经目》藏经有一万八千一百卷，则明明是虚张其数了。修静《自序》首述道经底由来（见《云笈七签》），多是虚诞的话，就是一部分犹隐在天宫云云，也明明是撒谎。但据他《自序》所说编目缘起，也因道书"文字僻左"，"颠倒舛误"，"精粗杂糅，真伪混行"，故为之校理，去其疑伪，区分类别，以成条目，对于道书，确曾加以校雠整理。虽其目已亡，当可认为道书目录底开山，同时稍后，又有道士许瑗之底《上清原统经目》，但亦亡佚。

与陆修静同时的王俭《七志》，附有《道经录》，与《佛经录》都不在"七志"之内。《隋志》说他"于书名之下，每立一传"，群书总目中收道书为一类，以此为最早。阮孝绪《七录》有《仙道录》。王俭先道后佛，阮孝绪则先佛后道。《仙道录》收书四百二十五种，分为"经戒""服饵""房中""符图"四部。其后唐人所撰《五代史经籍志》（即《隋书·经籍志》），著录道书，也分这四部。

唐太宗初，玄都观道士曾撰《一切经目》，虽云依陆修静所撰写上，但妄增不少，如释法琳《辨正论》所说，"其中多取《汉书·艺文志》目，妄注八百八十四卷为《道经论》"，甚至如《墨子》《韩子》《孟子》《淮南子》等亦滥入，以及《连山》《归藏》《周林》《太玄》《黄帝金匮》《太公阴符》《五姓宅图》《七十二葬书》等，并为修静目中所无。法琳曾请太宗令名僧、道士、儒生对宰辅朝俊详检内外经史，刊定是非，以为道家"或依傍佛经，或别头伪造"，"诈言空中自出，或道谷里飞来"，疑误下愚，惑乱黎民。惜太宗未从其言。但唐初僧之攻道，及道书多伪杂，于此可见。毋煚底《开元内外经录》已亡，《通志·艺文略》所载《开元道经目》亦佚。玄宗御制《琼纲目》、尹文操底《玉伟经目》、神隐子底《三洞经》，并已不传。总之，五代以前的道书目录，都已不存了。

宋真宗初命道士朱益谦、冯德之等与陈尧佐、戚纶等修校秘阁太清道书，嗣以张君房主其事。君房先后得朝廷所降道书，并取苏州、越州、台州等地道藏，与诸道士依三洞纲条，四部录略，品详商较，铨次成藏，凡四千五百六十五卷，曰《大宋天宫宝藏》。卷首为目录，名曰《宝文统录》。是为现存道藏之祖。《云笈七签》底《道门大论》有所谓"三洞"之说："洞者，通也。通玄达妙，其统有三，故曰三洞。其一'洞真'，其二'洞玄'，其三'洞神'。""修学之人，始入天阶，登无累境，故初教名'洞神神宝'；其次智渐精胜，既进中境，故中教名'洞玄灵宝'；既登上境，智用无滞，故上教名'洞真天宝'。"《正一经》曰："《太清经》辅洞神部，金丹以下仙业；《太平经》辅洞玄部，甲乙十部以下真业；《太玄经》辅洞真部，五千文以下圣业；《正一经》法文宗道，德崇三洞，遍陈三乘。"这叫做"四辅"。故《正一经》又定其次序：一洞神部，二洞玄部，三洞真部，四太清部，五太平部，六太玄部，七正一部。后四部仍不能独立，并入"三洞"，谓之"三乘"。"三乘所修，各十二部。"（亦见《正一经》）十二部者：(1)本文，(2)神符，(3)玉诀，(4)灵图，(5)谱录，(6)戒律，(7)威仪，(8)方法，(9)众术，(10)记传，(11)赞颂，(12)

表奏。"三乘之中，乘各有十二部，故合成三十六部。"（并见《道门大论》）这是道藏底门类，明刻《道藏》犹依此例。其实，"三洞"是模仿佛书底"三藏""二乘"的。张君房又撰有《云笈七签》，是一部道教底类书。其卷八、卷九《三洞经教部经释》，是道书底解题，但亦似系选集前人之作而成。

南宋初，郑樵撰《通志》，其《艺文略》录道家书，分《老子》、《庄子》、诸子、阴符经、《黄庭经》、《参同契》、目录、传、记、论、书、经、科仪、符箓、吐纳、胎息、内视、道引、辟谷、内丹、外丹、金石药、服饵、房中、修养二十五种。其分类法与宋《道藏》全然不同。这是群书总目中著录道书，不是专门的道书目录。

元初，披云子、宋真人收索藏经，刊版于平阳府永乐镇东祖庭。至正十八年，遭焚禁被毁。明英宗时，重辑《道藏》；神宗时，辑《续道藏》。熹宗时，北京白云观道士白云霁撰《道藏目录详注》，其分类仍宋时三洞十二类之旧，所谓"详注"，亦仅取一部分要书略加说明，虽为提要性质，也非全豹。明代宫廷所藏，清德宗时拳匪之变、八国联军入京，被毁于大光明殿。白云观底《道藏》则至民国时尚存。

道书立藏，全由模仿佛藏，其目录也没有著名的。在目录学史上更没有什么地位。故甄鸾尝撰《笑道论》，法琳尝撰《辨正论》以攻之。虽是左袒佛教，立论或不无成见；但道书目录，决不足与佛书目录相提并论。

（三）耶教书目

天主教明末始输入。清圣祖康熙间，《圣教信证》之后，附刊韩霖、张赓合撰的《道学家传》，就是各教士底传，传后列举其所译关于天主教的书。赵魏底《竹崦庵书目》中，有韩霖底《西士书目》，就是它底单行本。清末，王韬重刊，名曰《泰西著述考》。其实此书所录，只是明末清初西洋来华传教者底天主教之书，不能叫它做"泰西著述"的。瞿颖山《清吟阁书目》中又有《耶稣会士著述目》，或说即韩霖之书，未必可靠。近人陈援庵有《明末清初教士译著现存目录》，方豪有《天主教文献年表》，都是研究天主教初期传入之书底目录的。至于上海土山湾慈母堂印书馆、北平西什库天主堂遣使会印书馆底书目，则是教会书局底目录了。

基督教之输入，较天主教尤迟。1867年（清穆宗同治六年），Rev. Alexander Wyllie 辑《中华基督教文字索引》，季理斐、雷振华、李培廷续编三次，都依杜威十进法分类。

观上所述，道教、耶教底书目，都不能望佛教底项背。梁启超尝谓佛教经录，"所用方法，有优于普通目录之书者数事：一曰历史观念甚发达。凡一书之传译渊源，译人小传、译时、译地，靡不详叙。二曰辨别真伪极严。凡可疑之书，皆详审考证，别存其目。三曰比较甚审。凡一书而同时或先后异译者，辄详为序列，勘其异同得失；在一丛书中抽译一二种，或在一书中抽译一二篇，而别题书名者，皆一一求其出处，分别注明，使学者毋惑。四曰搜采遗逸甚勤。虽已佚之书，亦必存其目以俟采访，令学者得按某时代之录而知其书之佚于何时。五曰分类极复杂而周备。或以著译时代分，或以书之性质分；性质之中，或以书之含义内容分，如既分经律论，又分大小乘；或以书之形式分，如一译多译，一卷多卷等。同一录中，各种分类并用。一书而依其类别之不同，交错互见，动至十数，予学者以种种检查之便。吾侪试一读僧祐、法经、费长房、道宣诸作，不能不叹刘《略》、班《志》、荀《簿》、阮《录》之太简单、太朴素，且痛惜于后此踵作者之无进步也。郑渔仲、章实斋治校雠之学，精思独辟，恨其于佛录未一涉览焉，否则其所发挥必更有进，可断言也"（《论佛家经录在中国目录学之位置》，见《饮冰室全集》）。即此，可见佛教书目不特为道、耶二教所不及，在我国目录学史上亦有其特殊的地位。而日本各种佛录，如僧安然所撰《诸阿阇梨真定密教部类总录》为密宗分类最详的目录。高楠顺次郎、渡边海旭所辑的《大正新修大藏经》，"经"分十类，"律"分九类，"论"分五类，又有"支那撰述"分四类，"日本撰述"分二类，"外篇"分六类，每类又各分子目，则和我国历代佛书目录大异。专门研究佛教目录的，应取为参考之资。因是外国底佛录，所以前章述佛书目录时，并未说及。

第九章

其他特殊目录

唐陆龟蒙著有《笠泽丛书》，"丛书"之名始此。陆氏《自序》曰："丛书者，丛脞之书也。丛脞，犹细碎也。"宋王楙又有《野客丛书》。按《笠泽丛书》所载都是陆氏底小品杂文、闲情别致之作，其曰"丛书"，自取细碎之义。《野客丛书》凡三十卷，陈继儒删取十二卷，以入秘笈，虽于经籍异同，多所考辨厘正，亦列于南宋说部之中。这两部书虽都叫做"丛书"，只是杂缀之类，和现在所谓"丛书"不同。后来的"丛书"，是指汇集许多书为一部的。南宋宁宗嘉泰元年，俞鼎孙与其兄俞经刊《儒学警悟》四十卷，包括《石林燕语》《演繁露》《嬾真子》《考古编》《扪虱新语》《萤雪丛说》等书。后七十二年，左圭辑六朝、唐、宋人著作一百种，名《百川学海》，明吴永续之，冯可宾又广之，方是现在所谓"丛书"。故钱大昕、顾修都以《儒学警悟》为最早的丛书。质言之，凡是合许多种书为一的都是丛书，如南宋初井宪孟所刊的

《眉山七史》（集北宋曾巩等校刻的《宋书》《齐书》《梁书》《陈书》《魏书》《北齐书》《北周书》七书，合刻于眉山，故名。藏书家称"蜀大字本""九行邋遢本"），岳珂所刻的《相台九经》，以及五代时官刻的《五经》《九经》，北宋国监刊的《七史》，也可以说是丛书。

宋明以来，丛书渐多。有以地方为范围者，为《畿辅丛书》《豫章丛书》《湖北先正丛书》《永嘉丛书》《绍兴先正丛书》《盐邑志林》等；有以个人所著为范围者，如钱大昭底《可庐著述十种》、俞樾底《春在堂全书》、章炳麟底《章氏丛书》，虽或无丛书之名，亦有丛书之实。近来坊间所印，以丛书名者尤多。丛书既多，阅者病不知其所辑为何书，于是乎有"丛书目录"。丛书始于宋，而《宋史·艺文志》仅附之于"类书"。明祁承㸑底《澹生堂书目》始特立"丛书"一类。清张之洞《书目答问》亦于经、史、子、集四部之外，别录"丛书"。其专为丛书撰目者，则以桐川顾氏刻，顾修所编的《汇刻书目初编》为最早。顾氏所收丛书凡二百六十一种，以丛书名为纲，注刻书人及年代于下；以各丛书中的子目为目，各注撰人卷数于下；但是随手摘录的，故无定序，也不分类。此目刻于清嘉庆四年。后有人纂《续编》，同治九年，崇雅堂合刻之。又有吴某《补编》，佚其名。光绪元年，无梦园刻陈光照《补编》。其体例都和顾氏一样。光绪二年，善成堂刻傅云龙续编、胡俊章补遗的《续汇刻书目》，则照四库分类了。所收丛书也多至五百种。以后，朱学勤、王懿荣增补重编，增至五百六十七种；民国初，罗振玉续编，又增光、宣间新辑的丛书三百余种。杨守敬编《丛书举要》，李之鼎为之《补编》，增至九百一种；七年，李之鼎又有《增订丛书举要》，则增至一千六百五种了。其改编为辞典式者，则始于沈乾一底《丛书书目汇编》。因已改为辞典式，故不分类，不分时地，但仍以丛书之名为纲，倘不知某书在某丛书中者，检寻仍为难。金步瀛为浙江省立图书馆编的《丛书子目索引》，方以丛书中所辑每一书名为纲，仍用辞典式，以书名上一字编为索引，而于每书下注明撰人及所属丛书之名，比沈氏所编，便于检查。曹祖彬为金陵大学图书馆编的《丛书子目备检》则有"著书之部"，以每书之撰人为纲，而注明所著之书及所属丛书之名。最近有杨家骆纂《丛书大辞典》，兼采（1）丛书名,（2）各书名,（3）撰人姓名三种为纲，互相注明于下，用四角号码检字法，混合编列，检查最便，且所收丛书多至六千种左右，可谓能集丛书目录之大成。

《汉志》有"刘向所序六十七篇","扬雄所序三十篇"。《三国志·王粲传》注引《嵇康集目录》，是著述丰富的人撰集自己底作品，著为目录，似乎是古已有之，但单篇赋颂诗文，其后衰为别集，这类目录不过等于别集底篇目而已。《直斋书录解题》中有郑樵底《夹漈书目》及《图书志》。陈振孙曰："郑樵记其平生所自著之书；志者，盖述其著作之意也。"郑樵专门著作甚多，故有其个人著作底目录。《千顷堂书目》中，亦有明杨慎底《杨升庵著述目录》。清钱大昭有《可庐著述十种叙例》，俞樾底《春在堂全书》也有《录要》一卷。这些都是一类。又有后学考录先贤某的著述，撰成目录者，殆以清王昶底《郑氏书目考》为最早。近来此风颇盛。如梁启超有《戴东原著述纂校书目考》、顾颉刚有《郑樵著述考》、赵万里有《王静安先生著述目录》及《手校手批书目》、吴其昌有《朱子著述考》、刘盼遂有《高邮王氏父子著述考》、冯贞群有《南雷遗书目录》，皆是，这又是一类。其以某一种人为范围，撰其著述目录者，如单士厘底《清闺秀艺文略》、刘声木底《桐城学派著述考》；以某一家族为范围，撰其著述目录者，如钱仪吉底《庐江钱氏艺文略》、周懋底《娄东周氏艺文略》。这些都是以"人"为标准而编的目录。

北齐、北周之间，宋孝王撰《关东风俗传》，有《坟籍志》以录当时邺下文士底著作，为地方志著录书目之始。其专为某地方人底著作编目者，则似始于明祁承㸁底《两浙著作考》。此书无传本。明末曹学佺底《蜀中著作记》，残本尚存（见《图书馆学季刊》）。而管庭芬底《海昌艺文志》、孙诒让底《温州经籍志》、胡宗楙底《金华经籍志》、王献唐底《山左先哲遗书提要》，较为著名。方志能叙录地方著述书目者，以《乾隆大名县志》《嘉庆广西通志》为较著。如《吴兴备志》则分"经籍""遗书"为二，《康熙嘉兴府志》则分"艺文""书籍"为二，《康熙钱塘县志》则分

"经籍""艺文"为二，而乾隆时重刻的《归德府志》则分"学宫经籍""名家著述""金石文字""郡县志乘"四目。这些都是以"地"为标准而编的书目。又有以某族文字的著述为范围而编目者，如《北平图书馆故宫博物院满文书籍联合目录》《北平馆藏西夏文经典目录》是。

历代帝王常有搜求遗书，以充秘府之事。《隋志》有《魏书阙书目录》一卷，序中有"孝文徙都洛邑，借书于齐，秘府之中稍以充实"的话，这卷《目录》或者就是魏孝文帝开列所阙之书，去向南齐明帝借的。此后，如《宋志》底《唐四库搜访图书目》，《通志》底《嘉祐访遗书诏并目》《求书目录》，《直斋书录解题》底《秘书省四库阙书目》，《补元史艺文志》底《史馆购书目录》，以及清郑文焯底《国朝未刊书目》，朱记荣底《国朝未刊遗书志略》，都是志录遗阙，以备征访的。而杨守敬底《日本访书志》，张增荣译的《佚存书目》，则是录流存日本的中国书的。

专制帝王一面搜访遗书以充秘府，一面又常有焚书禁书的事。最早最著的，当然要推秦始皇。南北朝时，刘宋及梁皆禁图谶。隋高祖也禁图谶，炀帝则使使搜民间与谶纬有关的书籍焚之。唐初，也曾禁僧法琳底《辨正论》及《法琳别传》，德宗时始解禁入藏。宋太祖尝禁元象器物、天文图谶、七曜历太一雷公、六壬遁甲等书，仁宗乃命学士院与司天监同定禁书目录，似为禁书目录之始。元世祖尝禁阴阳图谶等书及《道藏》。清世宗屡兴"文字狱",禁书甚多。高宗一面访求书籍,编钞《四库全书》,一面焚书至二十四次,五百三十八种之多。德宗初,姚觐元尝刊《四库馆奏准销毁抽毁书目》,后又得《禁书总目》《军机处奏准销毁书目》《浙江省奏缴书目》《河南省奏缴书目》,合刊于其《咫进斋丛书》中。近人陈乃乾所编的《禁书总目》,分"全毁""抽毁"二类,以书名第一字笔数为次序,编成索引式,附录《禁毁书版目》《禁毁石刻目》《毋庸销毁书目》,是一部较完备的清代禁书目录。

刻版印书,始于隋唐,经五代及宋而大盛,本书绪论中已述之。《通志》有《国子监书目》《川本书籍录》,但均不存。现存古代刻书目录,当以元[①]黄裳等所编的《西湖书院重整书目》,及周弘祖所编的《古今书刻》为最古。毛晋底《汲古阁刻书目》,清郑德懋且为撰《补遗》及《刻板存亡考》。其考证古版者,则有王国维底《两宋监本考》《两浙古刊本考》。古代书籍,无论为写本,为印本,都有所谓"善本"。如隋观文殿有"正御书",北宋馆阁有"黄本书",王钦若藏书本中有"镇库书",都是些善本。因为每一种书往往有几种本子,校雠时,必以众本互勘,而尤贵所谓善本,故自南宋尤袤底《遂初堂书目》,已在各书目下分别注明它底不同的本子了。清钱曾底《读书敏求记》,特别注意于版本,详其优劣流传及题记特点。《天禄琳琅书目》以版本底朝代为纲,每

[①] 元 底本作"明",误。按,西湖书院所藏书版目录,乃元泰定元年(1324)春由黄裳、胡师安、王通督率诸生整理而成。

书首列书名，次考证锓版年月，次摹绘藏家印记，并录鉴藏家题跋，是清高宗时从官书中选录的善本书目。其私人撰录者，则有朱彝尊底《潜采堂宋金元人集目录》、徐乾学底《传是楼宋元本书目》，而以黄丕烈底《求古居宋本书目》《百宋一廛书录》为最著。顾千里《思适斋集》中，多善本题跋，但非目录。孙星衍底《平津馆鉴藏记》中有《书籍篇》，也是记善本的（洪颐煊撰）。他如叶昌炽为潘祖荫①撰的《滂喜斋藏书记》及《宋元本书目》，丁丙底《善本书室藏书志》、傅增湘底《双鉴楼善本书目》……不胜枚举。这些人都是就他们收藏的书中，著录善本的。莫友芝底《宋元旧本经眼录》，则就所见者录之，不是他自己收藏的了。

清德宗光绪廿六年，甘肃敦煌县鸣沙山莫高窟（即千佛洞）发现西夏时所藏的古代写本书籍，自经、史、释、道、摩尼教、袄教底古籍，下至历书、文牒、契约、簿录，凡二万余种。三十三年，为英人斯坦因（Marc Aurel Stein）、法人伯希和（Paul Pelliot）择优攫去不少。伯希和回经北京，罗振玉、王仁俊等先后往观。罗氏有《鸣沙石室秘录》，王氏有《敦煌石室真迹录》。其后日本人吉川小一郎亦得百余种，日僧橘瑞超亦得四百余种，有《敦煌将来藏经目录》。宣统二年，始由学部将残余运回北京，约八千余种，藏于京师图书馆，俞泽箴为撰《敦煌劫余

---

① 潘祖荫　底本无"潘"，据史实补。

录》。其为流至国外的石室残简编目者，则《历史丛刊》中有《海外所存敦煌经籍分类目录》，是合法人沙畹（Chavannes）底《伦敦博物馆敦煌书目》、伯希和底《巴黎图书馆敦煌书目》(罗福苌译)，及叶恭绰底《旅顺关东厅博物馆所存敦煌出土之佛教经典》而成。

我国古籍散在日本者尤多。杨守敬尝撰《日本访书志》，张增荣尝译《佚存书目》，就日本所有，我国所无的古书，编成目录。政府和国人不知注意自己国家底古籍古物，以致流散在国外，真是可叹！近年来沦陷地区底文物，不知又为日本人抢去多少了。

我国书籍浩如烟海，初学者莫识津梁，只得望洋兴叹。所以目录之中有一种精选提要的。清龙启瑞有《经籍举要》，开示诸生急需诵读的书目，略述内容，指示读法。于经、史、子、集之外，又有"约束身心""扩充学识""博通经济""文字音韵""诗古文词""场屋应试"六类。但邵懿辰已讥其过于简陋了。而最著者，则为张之洞底《书目答问》。此书体例，可注意者有五：(一)仿祁承㸁，于四部之外，另立"丛书目"；又有"别录目"，专载初学读本，其下又详分子目。(二)同一子目中，把义例相近之书排在一块儿，再依时代叙次。(三)经部，举学有家法，实事求是者；史部，举义例雅饬，考证详核者；子部，举最近古及有实用者；集部，举最著者。(四)多传本者，举善本；未见精本者，举通行本；未见近刻者，举现存明本。(五)凡无用者、空疏者、偏僻者、淆杂者，不录；古书为今书所包者，不录；注释浅陋者，妄人删改者，编刻讹谬者，不录；古人书已无传本，今人书尚未刊行者，不录；旧椠旧钞，偶一有之，无从购求者，不录。据《艺风堂自订年谱》，知《书目答问》实①为缪荃孙所撰。近人如胡适有《一个最低限度的国学书目》，梁启超有《国学书入门要目及其读法》《要籍解题及其读法》，都是这一类。清末黄庆澄底《普通学书录》，则兼录中西；梁启超底《西学书目表》，顾燮光底《译书经眼录》等，则又专录翻译的书籍。

---

① 《书目答问》实　底本无，为避免歧义及不通，据上文补。

下编

校雠目录学底内容

下编　校雠目录学底内容

我国校雠目录之业，自刘向、刘歆而始盛；校雠目录之学，则至郑樵、章学诚而始成。西汉末，刘氏父子相继领校秘书，成《别录》《七略》，在我国历史上，为空前的校录事业。自此以后，虽代有盛衰，而继武者相踵；不但官书校录而已，私家之精于校勘编目者，亦不乏人，且自各种目录繁兴以后，目录学亦分化为一种独立的学问。此在上编，已撮述其梗概。但发挥校雠目录学的理论，或为专书者，终须推郑樵、章学诚二人。郑樵底《通志》，既撰《艺文略》以通录古今之著述，又撰《校雠略》，以发挥校雠目录学底理论，他曾说"以学术之苟且，由源流之不分；书籍之散亡，由编次之无纪"，故作《艺文略》。"以册府之藏，不患无书，校雠之司，未闻其法；欲三馆无素餐之人，四库无蠹鱼之简，千章万卷，日见流通"，故作《校雠略》。其《校雠略》共有二十一论。（1）《秦不绝儒学论》（二篇），（2）《编次必谨类例论》（六篇），（3）《编次必记亡书论》（三篇），（4）《书有名亡实不亡论》，（5）《编次失书论》（五篇），（6）《见名不见书论》（二篇），（7）《收书之多论》，（8）《阙书备于后世论》，（9）《亡

113

书出于后世论》,(10)《亡书出于民间论》,(11)《求书遗使校书久任论》,(12)《求书之道有八论》(九篇),(13)《编次之讹论》(十五篇),(14)《崇文明于两类论》,(15)《泛释无义论》,(16)《书有不应释论》(二篇),(17)《书有应释论》,(18)《不类书而类人论》(三篇),(19)《编书不明分类论》(三篇),(20)《编次有叙论》(二篇),(21)《编次不明论》(七篇)。十求书校书编目之法及分别源流之故,都有所讨论。

章学诚著有《校雠通义》三卷。卷上(1)《原道》(三篇),(2)《宗刘》(八篇),(3)《互著》(五篇),(4)《别裁》(二篇),(5)《辨嫌名》(三篇),(6)《补郑》(三篇),(7)《校雠条理》(五篇),(8)《著录残逸》,(9)《藏书》。卷中(1)《补校〈汉书艺文志〉》(十篇),(2)《郑樵误校〈汉志〉》(四篇),(3)《焦竑误校〈汉志〉》(十五篇)。卷下(1)《〈汉志〉六艺》(十二篇),(2)《〈汉志〉诸子》(三十三篇),(3)《〈汉志〉诗赋》(十篇),(4)《〈汉志〉兵书》(八篇),(5)《〈汉志〉数术》(四篇),(6)《〈汉志〉方技》。于郑樵之说,多所补正。

历来学者,于校雠目录之学发表言论的,虽也不少,但撰为专著的,终以此二书为最。自有此二书,校雠目录之学,方有理论的根据,方能成为一种学问。但郑、章二氏都侧重于目录方面,而轻视校勘。清代长于校勘的学者,关于校勘的言论,又均散见于他们底著作中,非从各方面把关于校勘编目底方法理论,搜集整理,终无以说明校雠目录学底内容。

近人孙德谦底《刘向校雠学纂微》说刘向所用的方法有二十三:(1)备众本,(2)订脱误,(3)删复重,(4)条篇目,(5)定书名,(6)谨篇次,(7)析内外,(8)待刊改,(9)分部类[①],(10)辨异同,(11)通学术,(12)叙源流,(13)究得失,(14)撮指意,(15)撰叙录,(16)述疑似,(17)准经义,(18)征史传,(19)辟旧说,(20)增佚文,(21)考师承,(22)纪图卷,(23)存别义。孙氏旨在叙述刘向校录底方法,故如此说。胡朴安、胡道静叔侄底《校雠学》说:"清儒言校读古书者,当审谛十事:通训诂,一也;定句读,二也;征故实,三也;校异同,四也;订羡夺,五也;辨声假,六也;正错误,七也;援旁证,八也;辑佚文,九也;稽篇目,十也。此十事限于校勘学,可用之以分理群籍,而合理群籍之法不预也。"胡氏所谓"分理群籍"指校勘而言,"合理群籍"则指编目而言。就孙、胡二氏所说比较之,综括之,可定为本编述说校雠目录学内容底纲要。孙氏所说"备众本",是指收集许多不同的本子,以为校勘底准备。诚然,着手校勘之前须收集书籍,广备异本;但只是事前的准备,并不是校勘底工作。孙氏所说的"订脱误",即胡氏所举的"订羡夺""正错误",方是校正文字;胡氏所举的"定句读",也与校

[①] 分部类 底本为"部分类",据下文改。

正文字有关；这是校勘工作底第一步。"删复重""条篇目""谨篇次""析内外"，即胡氏所举的"稽篇目"；篇次既定，方可进而"定书名"；这已是校勘工作底第二步了。"增佚文"与"辑佚文"，似同而有异：如其是搜得佚文，增入原书，则为校勘之事；如其是原书已亡，搜得佚文，辑而存之，则为辑佚之事。"辨异同"与"校异同"，亦似同而有异，"校异同"是比较底本之异同，为校勘之事；"辨异同"则可兼指辨学派之异同，已涉及论次学术底范围。"撮指意""撰叙录"，则指文字校正、书篇厘定之后，撰述叙录解题之类，是校勘工作底第三步。至于孙氏所说的"待刊改"，只是校勘时谨慎的态度；胡氏所举的"通训诂""辨声假"，只是校勘者应具的能力；"征故实""援旁证"，又是校勘时应采的方法；都不能说是校勘底工作。孙氏所说的"述疑似"，则又涉及辨伪了；"辨伪"和"辑佚"一样，为由校勘引申而出，以附庸蔚成大国的工作，已不能包括于校勘底范围之内。孙氏所说，除上述几项以外，都是关于目录的了。"分部类""纪图卷"，是分类编目底工作，"通学术""叙源流""考师承""究得失""辨异同"，是论次学术底工作，这是目录工作底两步。"准经义""征史传"，是说刘氏论次学术底根据经史，"辟旧说""存别义"，是说刘氏论次学术底辟异存疑，也不能说是目录底工作。

总括起来，校雠目录底工作，可以分作三步八项：第一步，准备工作，是"书籍底征求"；第二步，属于"校勘"的本身工作，是"文字底校正""书篇底厘定""叙录底撰述"，属于校勘的引申工作，是"佚书底搜辑""伪书底鉴别"；第三步，属于"编目"的本身工作，是"书籍底分类""学术底论次"。但学术底论次，已涉及学术史底范围。只要把这八项工作叙说清楚，校雠目录学底内容也就明白了。

第一章

征求书本

隋牛弘《请开献书之路表》历陈书有五厄：秦始皇焚书，为第一厄；王莽末未央宫火，西汉藏书被毁，为第二厄；东汉献帝西迁，图书散失，又经西京之乱，遂遭燔荡，为第三厄；五胡之乱，魏晋藏书亡失，为第四厄；侯景叛梁，秘省经籍被焚，周师入郢，文德殿及公私典籍移荆州者亦毁，为第五厄。明胡应麟《经籍会通》又续陈五厄：隋则毁于大业广陵之乱；唐则一毁于天宝安史之变，再毁于广明黄巢之祸；北宋则亡于靖康女真之寇；南宋则亡于绍定蒙古之兵。清代以来，书籍之厄，又不止一次了，举其大者亦有五厄：清高宗编《四库全书》，博右文稽古之美名，而乘机销毁许多书籍，这是一厄；洪杨之变，江南被兵各省，公私书籍遭毁者不少，这是二厄；联军入京，清代庋藏之书被掠被焚者亦不少，这是三厄；敦煌千佛洞古籍，为英、法、日人窃去颇多，这是四厄；九一八之变以来，沦陷地区公私书籍，为日人掠去者，尚未知其数，这是五厄。并牛、胡二氏所举计之，我国书籍，已经十五次大厄了。从前帝王购访图书，志在恢复旧观，增益收藏，清高宗则以求书者焚书；从前异族入寇，兵燹及于书籍，近来则或窃或掠，且有为私人行动的了。

历代鼎革以后，新兴之朝，承平之世，往往有访求遗书之举。郑樵《校雠略》论求书之道有八，其言曰："一曰即类以求，二曰旁类以求，三曰因地以求，四曰因家以求，五曰求之公，六曰求之私，七曰因人以求，八曰因代以求，当不一于所求也。凡星历之书求之灵台郎，乐律之书求之太常乐工；灵台所无，然后访民间之知星历者；太常所无，然后访民间之知音律者；眼目之方多亡，眼科家或有之；疽疡之方多亡，外科家或有之；紫堂之书多亡，世有传紫堂之学者；九曜之书多亡，世有传九星之学者；《列仙传》之类，《道藏》可求。此之谓'即类以求'。凡性命道德之书，可以求之道家，小学文字之书，可以求之释家。——如《素履子》《玄真子》《尹子》《鬻子》之类，道家皆有。如《仓颉篇》《龙龛手鉴》《郭迻音诀图》《字母》之类，释氏皆有。——《周易》之书，多藏于卜筮家；《洪范》之书，多藏于五行家。此之谓'旁类以求'。《孟少主实录》，蜀中必有；《王审知传》，闽中必有；《零陵先贤传》，零陵必有；《桂阳先贤传》，桂阳必有；《京口记》者，润州记也；《东阳记》者，婺州记也。如此之类，可谓'因地以求'。《钱氏庆系图》，又求于忠懿王之家……黄君俞《尚书关言》

虽亡，君俞之家在兴化；王棐《春秋讲义》虽亡，棐之家在临漳；徐寅《文赋》，今莆田有之，以其家在莆田；潘佑《文集》，今长乐有之，以其后居长乐；如此之类，可谓'因家以求'。……祠祀之书、断狱之书……版图之书，今官府有不经兵火之处，其书必有存者，此谓'求之公'。书不存于秘府而在民间者甚多，如漳州吴氏……所得之书多人间所无者；藏书之家例有两目录，所以示人者未尝载异书，若非尽诚尽礼，彼肯出其所秘乎？此谓'求之私'。乡人李氏曾守和州，其家或有沈氏之书，前年所进褚方回《清慎帖》……即沈氏旧物也；乡人陈氏曾为湖北监司，其家或有田氏之书，尝见其有《荆州田氏目录》；若迹其官守……容或有焉。此谓'因人以求'。胡旦作《演圣通论》，余靖作《三史刊误》，此等书卷帙虽多，然流行于一时，实近代之所作。书之难求者，为其久远而不可迹也；出于近代人之手，何不可求之有？此谓'因代以求'。"又曰："古之书籍，有上代所无而出于今民间者。《古文尚书音》，唐世与宋朝并无，今出于漳州之吴氏；陆机《正训》，隋、唐二《志》并无，今出于荆州之田氏；《三坟》自是一种古书，至熙、丰间始出于野堂村校。按《漳州吴氏书目》，算术一家有数种古书皆三馆四库所无者，臣已收入求书类；又《师春》二卷，《甘氏星经》二卷，《汉官典仪》十卷，《京房易钞》一卷，今世之所传者，皆出吴氏。应知古书散落人间者，可胜记哉？求之之道未至耳！"郑氏论求书，可云详尽。

清代搜求遗书之风颇盛。其著者，如纳兰成德容若刊徐乾学替他编集的《通志堂经解》，都是罕见传本的唐、宋、元、明人底解经之书；鲍廷博及其子士恭所刊的《知不足斋丛书》正、续三十集，所收也都是手钞旧刻的珍本；张海鹏所刊的《学津讨源》，所收一百九十余种，虽多四库著录之书，也都是难得的；张氏又续刊《墨海金壶》，收书一百十五种，则传本更少，或以文澜阁本为据，或从旧钞本、宋刻本写录；后其残版为钱熙祚所得，乃修补为《守山阁丛书》，世称善本。此风既昌，遗书乃显。黄虞稷、魏禧、朱彝尊、周在浚诸人《征刻唐宋秘本书目》中所列已遗未刊的书籍，已大半有刻本了。所以只要本书还存在世上，有人肯竭力访求，必有重新发现的一日。但是也未可一概而论。郑氏以为古书难求，近代之书易求，故有"因代以求"一条。然如黄宗羲《明儒学案·发凡》中所说散去各书，《朱布衣语录》，韩苑洛、南瑞泉、穆玄庵、范栗斋诸公之集，清代仅《苑洛集》有刻本。章炳麟称戴震有《转语》一书，今已不可得。《安徽通志·艺文志》有姚际恒《金石伪书考》，今亦不为人所知。则近代之书，也多亡佚的了。古书后出者，多伪书。即如郑氏所举的《三坟》，题晋阮咸注者，即是伪书（《三坟》，见《左传》昭公十二年，言楚左史倚相能读《三坟》《五典》《八索》《九丘》。杜预但注云"皆古书名"。疏列引伪孔安国《尚书序》及贾逵、张衡、马融诸家，说各不同，皆无证验）。又如赵岐《孟子题辞》已明言《孟子外书》四篇之伪，故仅注《内书》七篇；明末姚士粦所传《孟子外书》云熙时子注的，更是伪中之伪。这也是求书时所当注意的。

又我国书籍散在国外者，如伦敦、巴黎博物馆中所存的敦煌鸣沙古籍，及庚子时被掠去的，已是不少，流存在日本者，经此次中日战争后，自当更多。倘已为国内所无，政府必须设法访求，或摄影，或钞录，以便刊印。所以郑氏所举八条之外，还得加"求之国外"一条。

聚书既多，则校录势不容缓。按上编所述，官家校录，每在国家升平，秘书充积之时；私人校录，每在嗜书既笃，藏书又多之家；佛徒校录，每在译经繁多，佛藏增溢之际，便可晓然。但校雠时，同一种书，还得广储许多不同的底本，方可互勘以见同异。刘向校书时，已是如此。故其《晏子叙录》中所举底本，有"中书"十一篇，"太史书"五篇，"臣向书"一篇，"参书"十三篇。《管子叙录》中所举底本，有"中书"三百八十九篇，"大中大夫卜圭书"二十七篇，"臣富参书"四十一篇，"射声校尉立书"十一篇，"太史书"九十六篇。《关尹子叙录》中所举底本，有"中秘书"九篇，"太常存"七篇，"臣向本"九篇。《列子叙录》所举底本，有"中书"五篇，"太常书"三篇，"太史书"四篇，"臣向书"六篇，"臣参书"二篇。《邓析子叙录》所举底本，有"中书"四篇，"臣叙书"一篇。《汉志》亦记刘向以"中古文"《易经》校施、孟、梁丘经及费氏经，以"中古文"《尚书》校欧阳、大小夏侯三家经文。所谓"中书""中秘书"固是官书，"太常书""太史书"也是官书。（章学诚《校雠通义·校雠条理》篇论校书宜广储副本云："太常领博士，今之国子监也；太史掌图籍，今之翰林院也；凡官书，不特中秘之谓也。"）所谓"臣某书"，或"某官某书"，或"某氏书""某家书"，则是私人之书。又有所谓"外书"，则对于"中书"而言，如《列子叙录》"中书多，外书少"，即以二者对举。刘向底叙录，存者不多，且间有赝品，但他校书先备许多不同的底本，则已可证明其为事实。因为那时的书籍，无论用竹用帛，都是传钞的，传钞便不能没有错误，而且竹简繁重，丝编韦编都易断绝，编绝则简散，或脱或乱，况阅时既久，又遭秦火，留存的也多残缺，所以无论哪一种本子，都不能保其全无错误。如只据一种本子，至多只能对它发生怀疑，觉得难解。必与另外的本子相雠校，然后能发现它底衍夺错误在什么地方，而加以删补厘正。众本同而一本独异的，固然易于解决，即各本都不同，也可以择善而从。所以校书必先广储各种不同的本子。

印刷术发明以后，刊版的、活字的，也容易错误，而且因为官版、私版也各有种种不同，所以校书的仍须先备各种本子。现在姑以清阮元底校勘《十三经注疏》为例，列举其各经所据的本子如下：

（一）《周易》——唐石经（单经本）、岳本、古本、足利本（以上注本）、宋本（单疏本）、影宋钞本、宋本、十行本、闽本、监本、毛本（以上注疏本）（共十一种）。

（二）《尚书》——唐石经、南宋石经（以上单经本）、岳本、古本、葛本（以上注本）、宋本、十行本、闽本、监本、毛本（以上注疏本）、《释文》、《六经正误》、《尚书纂传》、《石经考文提要》、《九经误字》、《七经孟子考文》、《十三经正字》、《群书拾补》（以上引用诸家）（共十八种）。

（三）《毛诗》——唐石经、南宋石经（以上单经本）、孟蜀石经、宋小字本、岳本（以上注本）、十行本、闽本、监本、毛本（以上注疏本）、《释文》、《七经孟子考文》、《十三经正字》、《毛诗稽古编》、《毛诗古义》、《毛郑诗考》、《校定毛诗传》、《诗经小学》（以上引用诸家）（共十七种）。

（四）《周礼》——唐石经、《石经考文提要》（以上单经本）、宋本、嘉靖本（以上注本）、闽本、监本、毛本、惠栋校本、附释音注疏本（以上注疏本）、《释文》、《周礼注疏正误》、《礼说》、《周礼汉读考》（以上引用诸家）（共十三种）。

（五）《仪礼》——唐石经（单经本）、宋严州本、宋本、明钟人杰本、明永怀堂本（以上注本）、宋本（单疏本）、李元阳本、监本、毛本、清重修监本（以上注疏本）、《释文》、《仪礼识误》、《仪礼集释》、《仪礼经传通解》、《仪礼要义》、《仪礼图》、《仪礼集说》、《十三经正字》、《仪礼详校》、《九经误字》、《仪礼误字》、《石经考文提要》（以上引用诸家）（共二十二种）。

（六）《礼记》——唐石经、南宋石经（以上单经本）、岳本（注本）、附释音本、闽本、监本、毛本（以上注疏本）、惠栋校本、卢文弨校本、孙志祖校本、段玉裁校本、浦镗校本、通志堂本、叶本、抚州公使库本、考文宋版（以上校本）（共十六种）。

（七）《春秋左传》——唐石经（单经本）、宋刻《春秋经传集解》、北宋小字本、淳熙小字本、岳本、宋纂图本、足利本、宋本《春秋正义》（以上注本）、附音释注疏本、闽本、监本、清重修监本、毛本（以上注疏本）（共十三种）。

（八）《春秋公羊传》——唐石经（单经本）、惠栋校本、监本、闽本、监本、毛本（以上注疏本）、《释文》、《十三经正字》（以上引用诸家）（共八种）。

（九）《春秋穀梁传》——唐石经（单经本）、宋本（注本）、钞宋本（单疏本）、元本、十行本、闽本、监本、毛本（以上注疏本）（共八种）。

（十）《论语》——汉石经、唐石经、宋石经（以上单经本）、皇侃《义疏》（单疏本）、高丽本、十行本、闽本、北监本、毛本（以上注疏本）（共九种）。

（十一）《孝经》——唐石台轴本、唐石经、宋熙宁石经（以上单经本）、岳本、正德本、闽本、重修监本、毛本（以上注疏本)(共八种)。

(十二)《尔雅》——唐石经、清《石经考文提要》(以上单经本)、明吴元恭仿宋本、元雪窗书院本(以上注本)、宋本(单疏本)、元本、闽本、监本、毛本(以上注疏本)、惠栋校本、卢文弨校本(以上校本)、《释文》、《十三经正字》、卢文弨《尔雅音义考证》(以上引用诸家)(共十四种)。

(十三)《孟子》——宋石经(单经本)、北宋蜀大字本、宋本、岳本、廖本、孔本、韩本、日本古本、足利本(以上注本)、十行本、闽本、监本、毛本(以上注疏本)(共十三种)。

就上面所列举的看,阮氏底校勘《十三经》,所备底本,可说不少。《十三经》各有负责校勘的人,阮氏特总其成而已(元和李锐校《周易》《春秋穀梁传》《孟子》,德清徐养原校《尚书》《仪礼》,元和顾广圻校《毛诗》,武进臧庸校《周礼》《春秋公羊传》《尔雅》,临海洪震煊校《礼记》,钱塘严杰校《春秋左传》《孝经》,元和孙同元校《论语》)。《十三经校勘记》于嘉庆二十年刻于江西南昌,时阮氏正官江西巡抚兼提督。前面记有阮元底话,其中一段说:"有宋十行本注疏者,即南宋岳珂《九经三传沿革例》所载建本附释音注疏也(建本为建安余仁仲所刊)。其书刻于宋南渡之后,由元入明,递有修补,至明正德中,其版犹存,是以'十行本'为诸本最古之册。此后有'闽版',乃明嘉靖中用十行本重刻者(李元阳、江以达重刻于闽中,又称'嘉靖本')。

有'明监版'，乃明万历中用闽本重刻者（又称'万历本'）。有汲古阁毛氏版，乃明崇祯中用明监本重刻者（为毛晋所刻，毛氏家有汲古阁）。辗转翻刻，讹谬百出。明监版已毁，今各省书坊通行者，惟有汲古阁毛本。此本漫漶不可识读，近人修补，更多讹舛。元家所藏十行宋本，有十一经，虽无《仪礼》《尔雅》，但有苏州北宋所刻之'单疏板本'，为贾公彦、邢昺之原书（《仪礼》，唐贾公彦疏；《尔雅》，宋邢昺疏，故云）。此二经更在十行本之前（按注疏合刻，起于南北宋之间，此二种单疏本当为北宋真宗咸平、景德间所校刻。马廷鸾曾说：'余从败箧中得景德中官本《仪礼疏》四帙。'阮氏所据《仪礼疏》正与之同，叶末列宋时诸臣官衔。所据《尔雅疏》，则中有明人刊补者。十行本刊于南宋初，故较此二种为迟）。元旧作《十三经注疏校勘记》，虽不专主十行本、单疏本，而大端实在此二本。"（按，下文又说"借校苏州黄氏丕烈所藏单疏二经"，则此二种单疏本是向黄丕烈借来的。）即此，可知阮氏所集的底本虽多，其校疏实以这二种本子为主。

孙诒让论校勘之法，说当"以旧刊精校为据依"。阮氏以宋刊十行本及《仪礼》《尔雅》单疏本为主，及引用惠栋、卢文弨诸人校本，便是依据旧刊精校。如惠栋校《礼记》，得吴泰来家所藏的七十卷本，校出毛氏汲古阁本有讹字四千七百零四个，异字二千六百二十五个，脱字一千一百四十五个，阙文二千二百十七字，衍文九百七十一字。戴震校《水经注》，据《永乐大典》本，校朱谋㙔本，发现脱简脱字有自数十字至四百多字的，字句之误，更是层见叠出；于是补二千一百二十八字，删一千四百四十八字，正三千七百十五字。都是根据善本校勘的实例。刊印之本，经过一次翻刻，便多些衍脱错误，宋本刊刻较早，所以比较可靠。因此，宋刊本往往为校勘家所重视，讲究版本的藏书家尤为珍惜。如毛扆《汲古阁珍藏秘本书目》、钱曾《述古堂书目》，都首列宋本；黄丕烈藏宋版书百余种，竟自号"佞宋主人"。顾莼颜其室曰"百宋一廛"；陆心源藏宋板书二百部，自颜其居曰"皕宋楼"；孙凤钧藏有宋刊单行本《魏志》及抚州本《公羊传》，为世间孤本，时人呼之为"宋版孙"。久而久之，渐渐地把宋版书看作一种骨董了。

焦循《宋岳珂九经三传沿革例序》曾说："学者言经学则崇汉，言刻本则贵宋。余谓汉学不必不非，宋板不必不误。"戴震也有"宋本不皆善，有由宋本而误者"底话（见《戴东原年谱》）。段玉裁曰："有求宋本以为正者，时代相距稍远而较善，此事势之常。顾自唐以来，积误之甚者，宋本亦多沿旧，无以胜今本。况校经如毛居正、岳珂、张淳之徒，学识未至，醇疵错出，胸中未有真古本汉本，而徒沾沾于宋本，抑末也。"（见《十三经注疏释文校勘记序》）钱大昕亦曰："今人论宋椠本书，谓必无差误，却不尽然。陆放翁跋《历代陵名》云：'近世士大夫所至，喜刻书板，而略不校雠，错本书散满天下，更误学者，不如不刻之为愈也！'是南宋初刻本已不能无误矣。张淳《仪礼识误》、岳珂《九经三传沿革例》，所举各本异同甚多，善读者当择而取之。若偶据一本，信以为必不可易，此书估之议论，转为大方所笑者也。"（见《十驾斋养新录》"论宋椠本"条。）王士禛《居易录》更举一实例说："今人但贵宋椠本。顾宋椠本亦多讹舛，但从善本可耳。如钱牧翁（钱谦益）所定杜集《九日寄岑参诗》，从宋刻本'两脚但如旧'。而注其下云'陈本作雨'，此甚可笑！"如果校勘者一味以宋本为标准，便难免如钱牧斋为王氏所讥了。按宋仁宗景祐元年，余靖上言，已说"国子监所印两《汉书》文字舛讹"；岳珂《九经三传沿革例》也说"《九经》监本讹谬脱略，多仍五季之旧，与俗本无大相违"，足见北宋全盛时国子监所刊经史已多误脱了。叶梦得《石林燕语》曰："唐以前，凡书籍皆写本，未有摹印之法，人以藏书为贵；人不多有，而藏者精于雠对，故往往皆有善本，学者以传录之艰，故其诵读亦精详。自书籍刊镂者多，士大夫不复以藏书为意，学者易于得书，其诵读亦因而灭裂。然版本初不是正，不无讹误。世既一以版本为正，而藏本日亡，其讹谬遂不可正，甚可惜也！"这话说得很有理由。所以校书不能专据一本，必比较众本，断以己之学识。

总之，征求书籍有两种目的：一是以充收藏，一是以备校勘。前者须求书籍种类之多，后者须求同一书底异本之多。而且求得的书籍既多，则校录不可缓，但要着手校勘，又须先广求异本，二者又是互为因果的。现在敌军蹂躏所及，旧籍被毁被掠，散逸必多，将来必须有一次大规模的征求。公私收藏，如能恢复旧观，必须有一次大规模的校录。着手校勘以前，又必须广求异本。这是可以预料的。

第二章

校正文字上

上章所述的求书，不论是广收藏，还是备异本，都是校勘以前的事。本章说到校正文字，方是所谓"校勘"——狭义的校雠——初步的基本的工作。现在分作"理错乱""删衍羡""补阙脱""正讹误"四项，各举实例以说明之（本章各例多从俞樾《古书疑义举例》中摘录）。

（一）理错乱

古代底书用丝或韦编竹简而成，日久丝韦断绝，竹简便散，前已言之。《史记·孔子世家》即有"孔子读《易》，韦编三绝"的故事。散简重编，便易前后错乱，这叫做"错简"。书中有了错简，文义便不可解。非悉心参校，合其前后，不易整理。例如《易·系辞上》曰："是故君子居则观其象而玩其辞，动则观其变而玩其占。是以自天祐之，吉无不利。"《系辞下》曰："神农氏没，黄帝、尧、舜氏作。通其变，使民不倦；神而化之，使民宜之。《易》穷则变，变则通，通则久，是以自天祐之，吉无不利。黄帝、尧、舜垂衣裳而天下治，盖取诸乾坤。"《易》穷则变……吉无不利"二十字与上下文意义、文法，都是不伦不类的。这二十字是《系辞上》的"动则观其变而玩其占"句之下的错简，而"是以自天祐之，吉无不利"十字则是重出之文，幸而还留着这十个字的烂脱痕迹，尚可藉以校正。这样一移动，两节都觉得文从义顺了。这是整理错简底实例之一。

又如《孟子·尽心》篇孔子在陈章中有这样一节："何以谓之狂也？曰其志嘐嘐然。曰古之人，古之人，夷考其行而不掩焉者也。"下文又有一节："曰何如斯可谓之乡原矣？曰何以是嘐嘐也？言不顾行，行不顾言，则曰古之人，古之人，行何为踽踽凉凉？生斯世也，为斯世也，善斯可矣。阉然媚于世也者，是乡原也。"这两节底文义都不连贯。后节中"何以是嘐嘐也……行何为踽踽凉凉"二十九字是错简，当在前节"其志嘐嘐然"句之下，而前节"古之人，古之人"六字，这是断简未尽的痕迹。这样一移动，则前节当为："'何以谓之狂也？'（万章问）曰：'其志嘐嘐然。'（孟子答）曰：'何以是嘐嘐也？'（万章又问）'言不顾行，行不顾言，则曰'古之人，古之人，行何为踽踽凉凉？夷考其行而不掩焉者也。'"（孟子又答）一问一答，文义明白，文法顺遂。后节删去二十九字，则为："曰：'何如斯可谓之乡原矣？'（万章问）曰：'生斯世也，为斯世也，善斯可矣。阉然媚于世也者，是乡原也。'

（孟子答）"也觉文从义遂了。这又是整理错简底实例之一。

上面所引的二例，一条二十字，一条二十九字，恰好是一简底字数，所以是"错简"。又有句子先后错乱的。例如《淮南子·俶真》篇曰："势利不能诱也，辩者不能说也，声色不能淫也，美者不能滥也，智者不能动也，勇者不能恐也。"《文子·九守篇》也有这几句，而"声色不能淫也"句在"辩者不能说也"句之前。"势利""声色"是一类，"辩者""美者""智者""勇者"是一类，各以类相从，方是妥当。所以《淮南子》是前后两句错乱的，当据《文子》校正。这是句子错乱底实例。

又如《礼记·中庸》曰："今天下车同轨，书同文，行同伦。"《文选》干宝《晋纪总论》曰："太康之中，天下书同文，车同轨。"李善注引《礼记》："子曰：'今天下书同文，车同轨。'"又《奏弹曹景宗》文曰："将一车书。"《曲水诗序》曰："合车书于南北。"李善注并引《礼记》曰："书同文，车同轨。"可见李善所见《礼记》，"书同文"在"车同轨"之上，和今本不同。"书同文，车同轨，行同伦"，三者本平列，或因传写偶然互易，还没有什么关系。但如《论语·宪问》篇，"晋文公谲而不正，齐桓公正而不谲"两句，《风俗通·王霸篇》引作"齐桓公正而不谲，晋文公谲而不正"（见翟灏《论语考异》）。这二句虽亦平列，而齐桓本在晋文之前，似乎不如《风俗通》所引的次序合乎历史底自然。这也是句子错乱底实例。

古书中又有几个先后错乱的。例如《周易·序[①]卦》曰："豫必有随，故受之以随，以喜随人者必有事，故受之以蛊。"今"以喜"二字属下句读。《正义》引郑玄注曰："喜乐而出入，则随从。"故俞樾以为"以喜"二字当在"必有随"三字之上。"豫以喜，必有随，故受之以随"，正和"随人者，必有事，故受之以蛊"，句法相同。又《尚书·盘庚》曰："乃祖乃父丕乃告我高后曰：'作丕刑于朕孙。'"《经典释文》曰："'我高后'又作'乃祖乃父'。"俞樾以为"乃祖乃父"四字当与"我高后"三字先后互易。上文云"乃祖乃父乃断弃女，不救乃死"，是就臣而言，此云"我高后丕乃告乃祖乃父曰'作丕刑于朕孙'"，则是就君而言（并见《古书疑义举例》六）。又如《论语·季氏》"不患寡而患不均，不患贫而患不安"，"寡""贫"二字错乱，当互易。"贫"以财言，"不均"则不如贫了；"寡"以人口言，"不安"则不如人少了。《春秋繁露·度制》篇引孔子曰："不患贫而患不均。"正是一个有力的证据。又如《墨子·非儒》曰："夫仁人事上竭忠，事亲得孝，务善则美，有过则谏。""得"字当与"务"字互易。"事亲务孝"正与上句"事上竭忠"相对，"得善则美"正与下句"有过则谏"相对（并见同上）。这几个都是整理错乱文字底实例。

[①] 序　底本作"说"，据《十三经注疏》改。

(二）删衍羡

古书传写，常有衍羡，校勘时当删去之。例如《大戴礼·少闲》篇曰："糟者犹糟，实者犹实，玉者犹玉，血者犹血，酒者犹酒。"玉白、血赤，二语相对；糟浊、酒清，二语亦相对。故"酒者犹酒"句当移至"糟者犹糟"句之下，而"实者犹实"句则为衍句。衍句还少，衍字则多。俞樾《古书疑义举例》中也举了很多的实例，现在摘录几种。古书未有笺注，学者守其师说，口相传受，往往把训诂之字记在正文之旁，其后传写，误入正文，遂成衍字。例如《周礼·亨人》曰："外内饔之爨亨煮。"盖古时经师解经，以此"亨"字乃亨煮之亨，不是亨通之亨，故旁注一"煮"字。后来误入正文，遂衍一"煮"字（亨煮今作"烹"）。《晏子春秋·谏下》曰："聋暗非害国家而如何也。""而何"即"如何"，"而""如"二字不必叠用，必有一衍（《孟子》："文王视民如伤，望道而未之见也。""而"与"如"对用，义同）。这是因两字义同而衍的。《国策·赵策》："夫董阏安于，简主之才臣也。""阏"与"安"古同音。故《左传》《国语》《吕氏春秋》《史记》作"董安于"，《韩非》《淮南》作"董阏于"，这是因两字音同而衍的。《淮南子·泰族》曰："夫欲治之主不世出，而可与兴治之臣不万一。""兴"字衍。《春秋繁露·考功名》曰："其先比二三分以为上中下，以考进退。""比""二"二字衍。"兴（興）"字像"与（與）"字，"比"字像"先"字，"二"字像"三"字，都是传写者因笔误而多写。这是因两字形似而衍的。

《墨子·尚同下》曰："故又使国君选其国之义，以义尚同于天子。"下"义"字涉上"义"字而衍。《吕氏春秋·适威》曰："子阳极也，好严，有过而折弓者，恐必死，遂应獀狗而弑子阳，极也。"上"极也"二字涉下"极也"二字而衍。又《遇合》篇记有客见楚王，楚王怪其名，下文又曰："客有进状有恶，其名言有恶状。"这十二字中，"客"字下的"有"字涉下文两"有"字而衍，"名"字涉上文"楚王怪其名"句而衍，末"状"字涉上"状"字而衍，删去这三个衍字，此句当为"客进，状有恶，其言有恶"。二"有"字都当读作"又"。说到了那个客进来，不但其名可怪，状貌又恶，其言又恶。这三个例子都是因涉上下文而衍的。

《礼记·缁衣》曰："毋以嬖御士疾庄士大夫卿士。"注曰："'庄士'亦谓士之齐庄得礼者。今为'大夫卿士'。"《礼记》原句当为"毋以嬖御士疾庄士"，与上文"毋以嬖御人疾庄后"一律。郑玄因有或本作"毋以嬖御士疾大夫卿士"者，故于既释"庄士"之后，加一句"或为大夫卿士"以记异文。后来因涉注文而原句衍"卿士大夫"四字，遂又改注中"或"字作"今"字了。《韩非·难三》曰："且夫物众而智寡，寡不胜众，智不足以遍知物，故因物以治物。下众而上寡，寡不胜众者，言君不足以遍知臣也，故因人以治人。"其实《韩非》原文只是"且夫物众而智寡，寡不胜众，故因物以治物。下众而上寡，寡不胜众，故因人以治人。"旧于上句注云："寡不胜众者，言智不足以遍知物也。"于下句注云："寡不胜众者，言君不足以遍知臣也。"今并误入正文，遂成衍句。这两个例子是因涉注文而衍的。

《孟子·尽心》曰："施于四体，四体不言而喻。"如说君子底四体不言而人自喻，则四体岂是能言的？如说我底四体不待我言而喻我意，则人人都是如此，何必君子？所以下句"四体"二字是衍文，当删去。《文选·魏都赋》刘渊林注、《华林园集诗》李善注引此文，并作"施于四体，不言而喻"，是其证。《公羊传》文公九年曰："非王者，则曷为谓之王者王者无求？"上文言"王者无求"，故此又发问曰："非王者则曷为谓之王者无求。""王者"二字衍。这两个例子是因重叠下句二字而衍的。

《庄子·胠箧》曰："然则乡之所谓知者，乃为大盗积者也。"这句是承上文而断之。下文曰："故尝试论之，世俗所谓知者，有不为大盗积者乎？所谓圣者，有不为大盗守者乎？"则又是承此文而推之。今本作"不乃为大盗积者也"，显衍一"不"字。《吕氏春秋·淫辞》曰："罪不善，善者故为畏。""故"字与"胡"字古通。言所罪者止是不善者，则善者胡为畏。《荀子·解蔽》杨倞注引《论衡》正作"善者胡为畏"，是其证。今本作"善者故为不畏"，显衍一"不"字。这两个例子又是因后人妄增而衍的。

（三）补阙脱

"阙脱"正是"衍羡"底反面，衍羡须删，阙脱须补。《汉志·六艺》《易》类曰："刘向以中古《易经》校施、孟、梁丘经，或脱去'无咎悔亡'。"《书》类曰："刘向以中古文校欧阳、大小夏侯三家经文，《酒诰》脱简一，《召诰》脱简二，率简二十五字者，脱亦二十五字；简二十九字者，脱亦二十九字。文字异者，七百有余，脱字数十。"可见古书有脱简，也有脱字。上文所举错简之例，简本在此，而误则在彼，则在彼即为"衍"，在此即为"脱"了。

古书脱字往往因两句相连，似乎重复，传写或即因疑为重复而删之，遂成阙脱。例如《列子·仲尼》曰："孤犊未尝有母，非孤犊也。"《庄子·天下·释文》引李云："言孤则无母，孤称立则母名去。"是此句原文当为"孤犊未尝有母；有母，非孤犊也"。脱"有母"二字，当补。《淮南子·缪称①》曰："雍门子以哭见孟尝君，涕泣沾缨。""涕泣沾缨"的是孟尝君，不是雍门子，所以这句当作"孟尝君涕泣沾缨"。脱"孟尝君"三字，当补。《尚书序》曰："微子作诰父师少师。"此句不成文义，当为"微子作诰，诰父师少师"。脱一"诰"字，当补。《商君书·算地》曰："故民生则计利，死则虑名。利之所出，不可不审也。"此文上既

---

① 缪称　底本作"主术"，据《淮南子集释》改。

"名""利"并提，下亦当云"名利之所出"。脱一"名"字，当补。这几句都是因上句末与下句首一二字相叠相同，有似重复，致被传写者删去。《逸周书·酆保》曰："不深乃权不重。"此句原文当为"不深不重，乃权不重"。脱"不重"二字，当补。上文云："深念之哉！重维之哉！"故此言念之不深，维之不重，则其权不重。上句"不重"之重，是重复之重；下句"不重"之重，乃轻重之重，本是不同的。因为似乎重复，遂致删脱。这些例子都是涉下文而脱的。

《战国策·齐策》曰："后期年，齐王谓孟尝君曰：'寡人不敢以先王之臣为臣！'孟尝君就国于薛。"《文选·答东阿王书》注引此有"后有毁孟尝君于湣王"底话，《史记·孟尝君传》也说，"齐王惑于秦、楚之毁……遂废孟尝君"。则本文"后期年"之下，当亦有记毁孟尝君于齐王底事，而今本脱去。又《楚策》曰："苏秦之楚，三月，乃得见乎王。谈卒，辞而行……曰：'楚国之食贵于玉，薪贵于桂，谒者难得见如鬼，王难得见如天帝。今令臣食玉炊桂，因鬼见帝。'"此文语意词气都未完毕，当有脱文。《艺文类聚》《太平御览》《文选》注引此，末了并有"其可得乎"四字，而今本《战国策》脱之。这两个例子是传写时无意脱落的。

（四）正讹误

古书中字之误者更多，尤为校勘时所宜订正。刘向《战国策叙录》曰："本字多误脱为半字，以'赵'为'肖'，以'齐'为

'立',如此者多。"又《列子叙录》曰:"中或字误,以'尽'为'进',以'贤'为'形',如此者众。"这两条,前条所举,是因形似而误;后条所举,是因音近而误。《易·说卦》"兑为妾为羊"。"兑为羊"已见上文,不当重出。郑康成本作"为阳"。羊、阳也因音同而误。沈揆《颜氏家训考证跋》,记闽本多误字,如误"五白"为"五皓",误"丧服经"为"丧服绖",前者为义同而误,后者为形似而误。形音义近似之字,传写使用,多易错误,本当为此字而误为彼字,就是所谓"别字"了。这是误字底一种。

有本是一字,误作二字者。《孟子·公孙丑》曰:"必有事焉而勿正心勿忘勿助长也。"此句注者异说纷纷,莫衷一是。《日知录》载倪文节(思)说,以为"正心①"二字乃"忘"字之误。"必有事焉而勿忘;勿忘,勿助长也。"就下文所举寓言观之,"以为无益而舍之者,不耘苗者也",即是"忘"。揠苗,即是"助长"。应当勿忘,故曰"必有事焉",但因勿忘而揠苗,则又"非徒无益而又害之",故又曰"勿助长"。《国语·晋语》曰:"吾观晋公子,贤人也。其从者,皆国相也。以相一人必得晋国。"《左传》僖公二十三年曰:"吾观晋公子之从者,皆足以相国。若以相,夫子必反其国。"则《国语》亦当以"以相"二字为一句,就是《左传》底"若以相"。"一人"二字为"夫"字之误。"夫必得

---

① 正心 底本作"心正",据引文改。

晋国"，犹言"彼必得晋国"（"夫"为目指其人之词，见《左传》襄公二十三年《正义》），就是《左传》底"夫子必反其国"。

有本为二字，误作一字者。金石文中本有两字写作一字的，如《散氏铜盘铭》底"孑"字，就是"小子"二字；《石鼓文》底"鲞"字，就是"小鱼"二字。《礼记·檀弓》曰："从母之夫，舅之妻、二夫人相为服。"此由"二人"两字，误作"夫"字，读者旁志"二人"二字以正其误，后乃于"二""人"之间又衍一"夫"字，"二夫人相为服"便无从索解了。《淮南子·说林》曰："狂者伤人，莫之怨也；婴儿詈老，莫之疾也；贼心亖。"陈观楼曰："'亖'字当为'亡也'二字之讹。亡，无也。言狂者与婴儿皆无贼害之心，故莫怨疾之也。"

又有因重文叠句作"二"而误者。《庄子·胠箧》曰："故田成子有乎盗贼之名而身处尧、舜之安，小国不敢非，大国不敢诛，十二世有齐国。"《释文》曰："自敬仲至庄子，九世知齐政；自太公和至威王，三世为齐侯，故云十二世。"本文是说田成子，不当追数至敬仲；田成子以前，也还不能说"有齐国"。《庄子》本作"世世有齐国"，世字重文，只作"世二"，误例为"二世"，因又妄加"十"字。《诗·硕鼠》："逝将去女，适彼乐土；乐土乐土，爰得我所。""逝将去女，适彼乐国；乐国乐国，爰得我直。"《韩诗外传》两引前章，都作"逝将去女，适彼乐土；适彼乐土，爰得我所"。又引次章，作"逝将去女，适彼乐国；适彼乐国，爰得我直"。此二章《毛诗》不如《韩诗》。因原文于叠句只作"适二彼二乐二土二","适二彼二乐二国二",所以致误的。

又有因阙字作□而误者。《大戴记·武王践阼》曰:"皇皇惟敬,□生诟,□戎□。"原文当作"诟生诟"。诟,耻也,诟詈也。君有耻詈之言,则致臣民反唇相稽,这就是"诟生诟"。由诟生诟,这正是"□戎□"。因为"生"字上阙一字,故作"□生诟",传写时便误作"口生诟"了。(反之,也有并无阙文,误加□者。《逸周书·官人》篇曰:"问则不对,佯为不穷,□貌而有余。""而"字当作"如"字解。第三句本无阙文,误加□。)

上面所举各例,已足见校勘家理错乱、删衍羡、补阙脱、正讹误底工作之一斑。古书中又有大家认为并无错误衍脱,一经校正,可以发明一种新的合理的解释者。如《礼记·中庸》"知远之近,知风之自,知微之显"三句,从来没有人说有什么错误,却又不得其解。若说是远由于近,微由于显,则当云"知远之由于近,知微之由于显",不当但说"知远之近,知微之显",且与"知风之自"句义不一例。俞樾认为"自"字为"目"字之误。"风"字当读为"凡",风字本从凡声,故得通用。《庄子·天地》曰:"愿先生之言其风也。"即以"风"字作"凡"字用。《周礼·宰夫》:"二曰师,掌官成以治凡;三曰司,掌官法以治目。""凡""目"对举,"凡"为大纲,"目"为细目。此三句中,"远"与"近","微"与"显",也是相对之词。三"之"字则都是连及之词，作"与"字解，"知远之近，知风之目，知微之显"，就是"知远与近，知凡与目，知微与显"，和《易·系辞》"君子知微知彰，知柔知刚"，其意正同。

反之，也有前人疑为有误脱，其实并无误脱者。如《礼记·大学》曰："长国家而务财用者必自小人矣，彼为善之小人之使为国家，菑害并至。"程颐改定本，于"善"字上增一"不"字。朱熹《大学章句》曰："'彼为善之'，此句上下疑有阙文误字。"元人《四书辨疑》说，"善"字是"利"字之误。湛若水因陆贽奏议引此，无"彼为善之"四字，说是衍文。俞樾则以为并无衍脱错误。"必自小人矣"之"自"字，当作"用"字解，见《诗·绵》及《江汉》二篇底毛《传》、郑《笺》。"彼为善之"底"善"字，当作"能"字解，见《荀子·劝学》篇杨倞注。郑玄《礼记注》以"彼"字指君言，实则此"彼"字系指小人言。长国家而务财用者，必用小人，何以故？因惟小人能务财用故。治国家而唯小人是用，则菑害并至了（见《群经平议》）。又如《论语·乡党》末章："色斯举矣，翔而后集。子曰：'山梁雌雉，时哉，时哉！'子路拱之，三嗅而作。"朱熹《论语集注》亦疑有阙误。解者或说子路因闻孔子赞其"时哉"，拱以示敬，雌雉三雏飞去；或说子路误会孔子之意，取雉以供孔子，孔子三嗅而作，不要吃，因而有"烧烤雉鸡"底笑话。其实，"色斯举矣，翔而后集"，记雌雉飞举之迅疾（"色斯"状迅速），翔集之舒缓，全是写景之文。"嗅"字本作"狊",将飞时张两翅扑击之意。孔子之叹,是一时偶然的感触;子路之拱执,是一时兴到的游戏。叹者自叹,拱者自拱,并无关系。所以此章是记孔子师生郊游的,篇幅虽短,却是绝妙的游记。朱子过于深求,所以疑有脱文了。

第三章

校正文字下

校书当先广储不同的本子,互相比较,见其异同,辨其得失,上文已言之。但古书亦有无底本可据以相校者。例如许慎底《说文解字》,至唐李阳冰而一变;但李本《说文》今亦不存,仅有南唐徐铉、徐锴兄弟底校本,而大徐本与小徐本又有异同,欲校定二徐底是非,已苦无其他底本可凭。故钮玉树、段玉裁诸人校订《说文》,往往求之于《玉篇》《韵会》《五音韵补》诸书。所以"钩稽群籍,博求旁证",也是校勘之一法。古代类书如《群书治要》《北堂书钞》《太平御览》《初学记》《玉海》等,古书笺注,如颜师古《汉书注》、李贤《后汉书注》、李善《文选注》等,都可以搜集许多旁证,不但周秦古书可彼此互证而已。例如《墨子·所染》曰:"子墨子言见染丝者而叹。"孙诒让《间诂》曰:"'言'字疑衍。"《后汉书·冯衍传》《党锢传》注,《群书治要》《太平御览》引此语,均无"言"字,《吕氏春秋》载此,亦无

"言"字,都可作孙说底旁证。推而广之,则甲骨、钟鼎、石刻,也可以用作旁证。例如《尚书》有《高宗肜日》。"肜"字殊不可解。孙诒让《契文举例》曰:"龟文'易日'二字恒见,其易字作彡,作彡,作㐆,作㐅,旧释以为'肜日'。"《仪礼·特牲·馈食礼》曰:"筮日云若不吉,则筮远日如初。"卜日不吉,改卜较远的日子,就是"易日"。据此,则"肜日"当为"易日",易字作彡或彡,故以形似误作"肜"字。《诗·小雅》曰:"昊天不弔。"郑众《周礼·太祝》注引作"昊天不淑"。淑,善也。古文只作"未",金文作"未",与"弔"形似,故误为"弔"字(详见吴大澂《字说》)。又如嵩高之"嵩",汉碑都作"崈"。《地理志》有崈高县,曰:"古文以崈高为方外山也。"《国语》:"夏之兴也,融降于崇山。"韦昭注:"崇,高山也。""崈""崇"同字。据此,可见经典中之"嵩高""崧高",皆当作"崇高"(详见王昶《金石萃编》)。这是以甲骨文、钟鼎文及石刻做旁证的三个实例。

校勘文字,又可就本书底辞例义理及用韵处推求之。例如阮元校《诗·周南·汉广》"不可休息"句曰:"唐石经、小字本、相台本同。案《释文》云:'旧本皆尔。本或作"休思",此以意改耳。'《正义》云:《诗》之大体,韵在辞上,疑休、求字为韵,二字俱作"思"。但未见如此之本,不敢辄改耳。'《正义》之说是也。此为字之误,惠栋《九经古义》以为思、息通,非。"此由本书底辞例推得之。又俞樾《古书疑义举例》曰:"《老子》第十章:'爱民治国,能无知乎?'又曰:'明白四达,能无为乎?'按上句当作'无为',下句当作'无知'。'爱民治国能无为乎',即所谓'取天下当以无事'也。'明白四达能无知乎',即所谓'知其白守其黑'也。易州唐景龙二年石刻本正如此,而王弼本误倒之,至河上公本两句皆作'无知',则词复矣。"此由本书底义理推得之。王念孙《读书杂志》曰:"《淮南·原道》:'中能得之,则外能收之。'高注曰:'不养也。'念孙按:'收'当为'牧'。高注'不养也'当为'牧养也'。此承上文'得其内'而言,能得之于中,则能养之于外。下文'筋力劲强,耳目聪明',所谓外能养之也,若云外能收之,则非其旨矣,且'牧'与'得'为韵('牧',古音读若'墨',说见《唐韵正》)。若作'收',则失其韵矣。俗书'收'作'妆',形与'牧'相似,故'牧'误为'收'。《文子·道原篇》正作'牧'。"此由本书底义理及用韵推得之。

由上文所述归纳之,则校正文字底方法有三:一曰广储底本,互较异同;二曰钩稽群籍,以求旁证;三曰细审本书,以资推究。其最要者,为校勘者平时学问的素养。通训诂,辨声韵,多阅读,明古书底义理辞例、古代底名物制度,都是。校勘时,尤须勿盲从,勿自是,勿臆度,勿武断,勿怠,勿忽。否则,必致愈校愈误,贻笑今人,贻误后人!胡朴安说:"校书有三要:一密,二精，三虚。众本互勘者，精之事也；本诸诂训，求之声韵者，密之事也；不以他书改本书者，虚之事也。"胡氏所谓"虚"，是指校勘者底虚心。如阮元校勘《十三经》，其《校勘记》中但记诸本之异同，加以按语，不轻改原文。这就是虚心。故胡氏对阮氏特致推崇。唐郭京《周易举正自序》曰："曾得王辅嗣、韩康伯手写真本，比校今世流行本及国学、乡贡人等本，举正其谬。凡所改定，以朱、墨书别之。所改正者一百三节，二百七十三字。"郭氏以朱、墨二色分别正文误文，可见并不立将误文抹杀。他有王、韩手写本作底本，还是如此，足见郑重虚心。宋彭叔夏《文苑①英华辨证叙》曰："叔夏尝闻太师益公之言曰：'校书之法，实事是正，多闻阙疑。'叔夏年十二三时，手钞《太祖皇帝实录》。其间云：'兴衰治□之际。'阙一字。意谓必是'治乱'。后得善本，乃作'治忽'。三折肱为良医，信知书不可以意轻改。"《文苑英华辨证②》析为二十目，归纳之，有三大例：一曰承讹当改；二曰别有依据，不可妄改；三曰义可两存，不必遽改。他底态度矜慎如此，故顾广圻曰："此书乃校雠之楷模，岂独读《英华》者资其是正哉！"校书不可轻改原文，于此可见。

校书轻易删改，更滋错误。例如《淮南子·氾论③》曰："而将

---

① 苑　底本作"华"，据下文改。
② 证　底本作"正"，据上文改。
③ 氾论　底本作"道应"，据《淮南子集释》改。

不能恐失之。"高诱注曰："而将不能胜之，恐失之。"此句原文当为"而将不能胜之"。"而"古与"如"通。"恐失之"，正解"如将不能胜之"。句中"恐失之"三字，系涉注文而衍。校者因有衍文，反删去原文"胜之"二字，文义遂不可解。这是误删衍文底例。

《大戴礼·曾子立事》曰："多知而无亲，博学而无方，好多而无定者，君子弗与也。"下文又曰："君子多知而择焉，博学而算焉，多言而慎焉。"是本文当作"多言而无定者"。校者因有脱字，误加一"好"字，文义遂不可解。这是误补脱字底例。

《逸周书·史记篇》曰："奉孤而专命者，谋主必畏其威而疑其前事。""谋主"本当作"其主"，后误作"某主"。校者知"某"为误字妄改作"谋"，"谋主"亦不可解。这是误改误字底例。

《淮南子·缪称①》曰："盖力优而克不能及也。"高诱注："克，能也。"但"力优而能不能及"，仍不可解。原文当作"盖力优而德不能服也"。"德"，古作"悳"，"服"古作"𠬝"。校者不识古字，乃妄改为"克不能及"。文义遂不可解。这是校者不识古字，以形近之字误改之底例。

《管子·七臣七主》曰："皆要审则法令固。""皆要"本当为"比要"。《周礼·小司徒》曰："大比，则受邦国之比要。"郑众注：

---

① 缪称　底本作"主术"，据《淮南子集释》改。

"要，谓其簿。"校者不知"比要"本为古语，故改为"皆要"。这是校者不知古语，以形近之字误改之底例。

《日知录》曰："梁简文帝《长安道》诗：'金椎抵长乐，复道向宜春。'是用《汉书·贾山传》：'隐以金椎，树以青松，为驰道之丽至于此。'《三辅决录》：'长安十二门，三途洞开，隐以金椎，周以林木，左出右入，为往来之径。'（《水经注》同）今误作'金槌'，而又改为'椎轮'。唐阎朝隐《送金城公主适西蕃》诗：'还将贵公主，嫁与僇檀王。'是用《晋书·载记》'河西王秃发僇檀'。今误作'獉檀'，而又改为'褥毡'。比于'金根车'之改'金银车'，而又甚焉者矣！"《日知录》又曰："万历间人多好改窜古书。人心之邪，风俗之变，盖自此始。且如骆宾王《为徐敬业讨武氏檄》，本出《旧唐书》。其曰'伪临朝武氏'者，敬业起兵在光宅元年九月，武氏但临朝而未革命也。近刻古文改作'伪周武氏'。不察檄中所云，'包藏祸心，睥睨神器'，乃是未篡之时，故有此言（越六年，天授元年九月，始改国号曰周）。其时废中宗为庐陵王，而立相王为皇帝，故曰'君之爱子，幽之于别宫'也。不知其人，不论其世，而轻改其文，谬种流传，至今未已！又近日盛行《诗归》一书，尤为妄诞。魏文帝《短歌行》：'长吟永叹，思我圣考。''圣考'，谓其父武帝也，乃改为'圣老'，评之曰：'圣老字奇。'《旧唐书》，李泌对肃宗言天后有四子。长曰太子宏，监国，而仁明孝悌。天后方图称制，乃鸩杀之，以雍王贤为太子。贤自知不免，与二弟日侍于父母之侧，不敢明言，乃作《黄台瓜辞①》，合乐工歌之，冀天后悟而哀愍。其辞曰：'种瓜黄台下，瓜熟子离离。一摘使瓜好，再摘使瓜稀，三摘犹尚可，四摘抱蔓归。'而太子贤终为天后所逐，死于黔中。其言'四摘'者，以况四子也。以为非四之所能尽，而改为'摘绝'。此皆不考古而肆臆说，岂非小人而无忌惮者哉！"顾氏斥好改窜古书者为无忌惮之小人，且以为人心之邪，风俗之变，自此而始，校书者不可以不慎！苏轼《志林》亦尝曰："近世人轻以意改书，鄙浅之人，好恶多同，故从而和之者众。遂使古书日就讹舛，深可忿疾也！"戴表元也说："杭州陈道人家印书，书之疑处，率以己意改令谐顺，殆是书之一厄！"可见校书刊书，轻于改动底风气，宋代已然，不仅明末如此。

《日知录》又曰："凡勘书，必用能读书之人。偶见《焦氏易林》旧刻有曰'环绪倚钽'，乃'环堵'之误。注云：'绪，疑当作珮。''井堙水刊'，乃'木刊'之误。注云：'刊疑当作利。'失之远矣！幸其出于前人，犹遵守本文，不敢辄改。苟如近世之人，据臆改之，则文益晦，义益舛，而传之后日，虽有善读者，亦茫然无可寻求矣！然则今之坊刻，不择其人而委之雠勘，岂不为大害乎？"这校者虽留下了笑柄，但幸而刊本没有改动正文。《礼

---

① 黄台瓜辞　底本为"黄瓜台辞"，据《日知录集释》改。

记·王制》曰:"虞庠在国之四郊。"注云:"周立小学于四郊。"孔氏本,经注皆作"西郊"。《祭义》曰:"天子设四学,当入学而太子齿。"注云:"四学,谓周有四郊之学。"孔氏本,改注之"四郊"为"西郊"。故疏云:"天子设四代之学,周学、殷学、夏学、虞学也,天子设四学,以虞庠为小学,设置于西郊。当入学之时,而太子齿于国人。"今本疏作"设置于四郊"。盖宋人以注疏合经时,注文仍作"四郊",乃并改疏以合注。故《祭义》注本有二,一作"四郊",一作"西郊"。然幸有此未改作"西郊"之本,段玉裁乃得据以正孔本"西郊"之误;倘一律改作"西郊",便无痕迹可寻了。这校者虽改了经及注疏,幸而留下没有改的本子。即此二例,更可见古书底不可轻易改动。

宋明以来,坊间校刻,妄改古书,固有这种很坏的习气。官校官刻的书也不能免。明代官刻之书,有北监本、南监本。南监本诸史是合宋监本及元各路儒学版凑成,北监本据南监本校刻。《日知录》批评它们,"校勘不精,讹舛弥甚,且有不知而妄改者"。他所举的例很多,摘录最可笑的一则于此。《魏书·崔孝芬传》:"李彪谓崔挺曰:'比见贤子谒帝,旨谕殊优,今当为群拜纪。'此《三国志·陈群传》事(原注:'陈群,字长文,纪之子。时鲁国孔融高才倨傲,年在纪、群之间,先与纪友,后与群交,更为纪拜'),非为隐僻。今所刻《北史》改云'今当绝群耳'。不知纪、群之为名,而改'纪'为'绝',又倒其文,此已可笑

（原注：南北板同）。"清武英殿版《二十四史》，于《史记集解》《正义》多所芟节，《四库书目提要》已列举数十条，谓皆殿本所逸，若非震泽王本[①]具存，无由知其删妄。两《汉书》注，亦脱漏数字乃至数百字不等。宋嘉祐本七史，刘恕、曾巩等篇末所疏疑义，亦刊落过半。最可笑的，《三国志》原是晋陈寿所作，乃于数千年后追谥关羽曰"忠义"，窜入传中。薛居正《五代史》指斥契丹，有"戎首""伪命""编发""犬羊"等字样，乃因避清帝嫌疑，一律改避。他如《宋史·田况传》脱去全页，《金史·太宗诸子传》留一空白素纸，《元史·历志》又有错简。可见专制时代，奉诏校刻的臣子，对其职务，怠忽的很多，颟顸的也很多，或更甚于坊间校刻。

校书者应有相当的素养，前已言之。《周易·乾·文言》曰："亢之为言也，知进而不知退，知存而不知亡，知得而不知丧。其唯圣人乎！知进退存亡而不失其正者，其唯圣人乎！"阮元《校勘记》曰："石经、岳本、闽、监、毛本同。《释文》：'王肃本作愚人，后结始作圣人。'按王肃本大非。此经依《释文》所载，无末五字者，最是古本。此是倒装文法，故曰'其唯圣人乎，知进退存亡而不失其正者'！如《檀弓》'谁与，哭者'，即'哭者谁与'。"按古书中倒装文法很多。如《孟子·尽

[①] 按，震泽王本，《史记》版本之一，明嘉靖时震泽王延喆翻刻宋本，版本价值很高。

心下》："死矣，盆成括！"《吕氏春秋·重言》："子耶，言伐莒者？"《管子·戒篇》："盍不出从乎，君将有行？"《檀弓上》："盖殡也，问于郰曼父之母。"不知古人有倒装文法，便妄疑《乾·文言》缺末句五字是脱文了。古书中常叠用三个同义字，俞樾说是因语缓而引一字为数字。如《尚书·牧誓》："王朝至于商郊牧野。""郊""牧""野"同义。《左传》襄公三十一年："缮完葺墙以待宾客。""缮""完""葺"同义。《战国策·齐策》："不拊爱子其民。""拊""爱""子"同义。他如急则曰"缓急"（司马迁《史记·游侠传[①]》"缓急人所时有"），失曰"得失"（《史记·刺客传》"多人不能无生得失"），则正负两义，也连类而及。《易》"润之以风雨"，风不能言润，《礼记》"不得造车马"，马不能言造，则同类二物，也连类而及。不知古人有此种特殊文法，便要疑有衍文了。

"其"字古文作"丌"。《国语·吴语》："伯父多历年以没元身。"此由传写者不识丌字，故误为"元"字。"近"字古作"岸"。《礼记·大学》："举而不能先。"此由传写者不识岸字，故误认为"先"字篆文之误（"见贤而不能举，举而不能近"，与"见不善而不能退，退而不能远"，正相对成文）。"起"字古文作"迟"。《汉书·哀帝纪》："延于侧陋，可亲民者。"此由传写者

[①] 史记·游侠传　底本作"报任安书"，据《史记》改。

不识"迟"字，故误为"延"字。诸如此类，非识古文，便难校正了。《周易·讼卦》九二《象》曰："患至叕也。"今本作"掇"，是依荀爽本，故以为"如拾掇小物而不失"（见《周易集解》）。《释文》郑玄本作"惙"，故训作"忧"。其实"叕"即是"缀"，"患至缀"，说患害之至，连缀不绝。荀、郑各加不同的偏旁。《周礼·大宗伯》曰："以会礼哀围败。"郑众注："同盟者会合财货以更其所丧。"今本作"袷礼"。袷是襈袷之袷，非会合之会。盖涉下文"礼"字而误加偏旁。《墨子·七患》曰："为者疾，食者众，则岁无丰。"此"疾"字当作"寡"，与"众"正相对。后人据《大学》"为之者疾"妄改之。不知《大学》"为之者疾"与"用之者舒"，"食之者寡"与"生之者众"各相对。不能据此以改彼。诸如此类，非有细心，便难校正了。

总而言之，校正文字是校雠工作底初步，也是校雠工作底基本和中心。工作繁而且难，责任重而且大。校勘者必须平时有学问上的素养，通文字训诂，声韵通借，识古字，懂古语，知古代底文法；然后广集不同的底本，选择一二种善本为主，较其异同，辨其得失，以定去取；又从其他经、子、史、集底本文和笺注，各种类书，各种甲骨、金石文字中搜求旁证，就本书底义理、辞例及用韵处推求本证。尤须有细心和耐心，方能整理错简及错乱的字句，删除衍羡的字句，增补阙脱的字句，改正讹误的字句，以达到校勘底目的，完成校勘底责任。校勘完了，最好写成一种校勘记，先把底本底异同罗列出来，然后下一断定，并须把所以如此校正的理由和证据一一记明，使后来读者自己去审阅。不可自以为是，妄以臆见改动原文，致前误古人，后误来学，留下笑柄，令人齿冷！

上编曾引这个故事：北齐邢子才雅有才思，聪明强记，日诵万余言，博览文籍，无不通晓。有书甚多，而不甚雠校。见人校书，常笑曰："何愚之甚！天下书至死读不可遍，焉能始复校此。日思误书，更是一适。"妻弟李季节，才学之士，谓子才曰："世间人多不聪明，思误书何由能得？"子才曰："若思不能得，便不劳读书！"（见《北齐书·邢邵传》）从前陶渊明自谓"好读书，不求甚解"。世之读书而不求解者，往往藉口渊明。不知渊明生当东晋之末，彼时汉儒训诂之学，已流为烦琐，如秦延君注《尧典》，已是"博士卖驴，书券三纸，未见驴字"了。此即渊明所谓"求甚解"。所以他底不求甚解，正是善于读书。大概南北朝时，校雠者也往往凭臆见妄改古书，反而滋误，故邢子才笑人校书为愚。清代校勘名家顾广圻自号思适居士，名其斋曰思适斋，便是因此。孙诒让《札迻自序》曰："每得一佳本，晨夕目诵，遇有钩棘难通者，疑忤累积，辄郁郁不怡。或穷思博讨，不见端倪，偶涉它编，乃获碻证，旷然昭寤，宿疑冰释，则又欣然独笑。若陟穷山，榛莽霾塞，忽覩微径，竟达康庄。邢子才云：'日思误书，更是一适。'斯语亮已！"校勘之事，一般人莫不认为枯燥无味，不知竟有此种精神上的快乐！昔人有卢文弨者曰："他人读书，受书之益；子读书，则书受子之益。"书受校勘家之益，后来读者更可以受书之益，则校勘家又是功德无量了！

第四章 ○

厘定篇章

　　文字既已校正，便须进而厘定篇章。刘向校书时，古书还是每篇独立，不相联系的，而且有许多书并无每篇底篇目，甚至并不分篇，分篇的也没有一定的次序。所以在未编次厘定以前，诸子之书实际上也和辞赋一样，只是某人底作品若干篇而已。因此，我们可以推想得到，这些书所以叫做《管子》《列子》，不过说是管某、列某底作品，和以屈原、宋玉等人名录他们底赋，以刘向所序，扬雄所序，录他们底《新序》《列女传》《太玄》《法言》，正复相同。其取首句一二字以为篇题，所谓无义之题者，或是原无篇题，校编时方为标定的。又同一书既有许多异本，篇章或此多彼少，此无彼有，同有者既为彼此复重。古书皆用竹简，丝编韦编，易于断散错乱。所以必须有厘定篇章底工作，必须取不同的底本相校，除去复重，互相补充，错乱者加以整理，不分篇章者为之区分，没有篇目者为之标目，方可定其次序，编为一书，然后给以一相当的书名。这是校雠底第二步工作。

刘向《管子叙录》曰:"臣向言:所校雠中《管子》书三百八十九篇,大中大夫卜圭书二十七篇,臣富参书四十一篇,射声校尉立书十一篇,太史书九十六篇,凡中外书五百六十四;以校,除复重四百八十四篇,定著八十六篇,杀青而书,可缮写也。"《晏子叙录》曰:"臣向言:所校中书《晏子》十一篇,臣向谨与长社尉臣参校雠太史书五篇,臣向书一篇,参书十三篇,凡中外书三十篇,为八百三十八章,除复重二十二篇,六百三十八章,定著八篇,二百一十五章。外书无有三十六章,中书无有七十一章,中外皆有,以相定。……以杀青书,可缮写。"《列子叙录》首列目次,"天瑞第一,黄帝第二,周穆王第三,仲尼第四,汤问第五,力命第六,杨朱第七,说符第八"。并曰:"臣向言:所校中书《列子》五篇,臣向谨与长社尉臣参校雠太常书三篇,太史书四篇,臣向书六篇,臣参书二篇,内外书凡二十篇,以校,除复重十二篇,定著八篇。中书多,外书少,章乱布在诸篇中。……已定,皆以杀青书,可缮写。"《战国策叙录》也是如此,先列目次:东周第一,西周第二,秦第三至第七,齐第八至第十三,楚第十四至第十七,赵第十八至第二十一,魏第二十二至第二十五,韩第二十六至第二十八,燕第二十九至第三十一,宋卫第三十二,中山第三十三。而总计之曰:"右定著三十三篇。"

又曰："臣向言：所校中《战国策》书，中书余①卷，错乱相糅莒，又有国别者八篇，少，不足。臣向因国别者略以时次之，分别不以序者，以相补，除复重，得三十三篇。……皆定，以杀青，书可缮写。"其曰"以杀青，书可缮写"者，先书于行简，后乃缮写于素帛。（按《后汉书·吴祐传》注："以火炙简令汗，取其青易书，复不蠹，谓之'杀青'，亦谓'汗简'。"《青溪暇笔》："古者著书以竹。初稿书于汗青，汗青者，竹皮浮滑如汗，以其易于改抹。既正，则杀青而书于竹素。杀，削也，言去青皮而书竹白，不可改易也。"二说不同。疑汗简与杀青简同是一种，青简以火炙之，令燥，或并稍去其青皮，方可缮写，如径写于浮滑如汗之青皮上，则太易抹去，岂可用以代纸呢？至于"竹素"，明指竹、帛二者而言，不能说是竹白。）其他诸子，也是如此。如《孙卿》，所校凡三百二十二篇，以相校，除复重二百九十篇，定著三十二篇。《邓析》，凡中外书五篇，以相校，除复重，为一篇。《子华子》，凡二十四篇，以相校，除复重，定著十篇。"六艺"类亦复如是，如《礼经》十七篇，定著《士冠礼》第一，至《少牢下篇》第十七。《乐记》二十三篇，定著《乐工》第一，至《窦公》第二十三。——这些都是厘定篇次底实例。

篇次既定，乃可定一书名。《说苑叙录》曰："臣向言，所校

---

① 余　底本讹作"律"，据《战国策》刘向《叙录》改。

中书《说苑杂事》，及臣向书、民间书，互校雠，其事类众多，章句相溷，或上下谬难，难分别次序。除去与《新序》复重者，其余浅薄不中义理，别集以为百家后，以类相从，一一条别篇目。更以造新事十万言以上，凡二十篇，七百八十四章，号曰《新苑》，皆可观。""新苑"即是刘向所定的书名。但这或因刘向更造新事以读《说苑》，名曰《新苑》，就是"新说苑"底意思，不是替古书定一名称。《战国策叙录》曰："中书本号，或曰《国策》，或曰《国事》，或曰《短长》，或曰《事语》，或曰《长书》，或曰《修书》。臣向以为战国时游士辅所用之国，为之策谋，宜为《战国策》。"这明明是为古书定一名称了。

刘向校书，是我国第一次大规模整理古书。因为都是竹简编缀成册的，易散易乱，而且有种种特殊情形，故有厘定篇章的必要。其实，厘定篇章，是校雠底重要工作之一，后世虽无那种特殊的情形，此种工作，仍不可少。曾巩《战国策目录序》首言："刘向所定《战国策》三十三篇，《崇文总目》称十一篇者，阙。臣访之士大夫家，始尽得其书。正其误谬，而疑其不可考者，然后《战国策》三十三篇复完。"末言："此书有高诱注者二十一篇，或曰二十二篇。《崇文总目》存者八篇，今存者十篇云。"（姚宽《战国策序》说高诱注仅二十篇）刘向原书凡三十三篇，而高诱仅注二十一二篇，似高诱本已有亡佚。编《崇文总目》时，本书仅存十一篇，高注仅存八篇，曾巩校书，勤于访求，重为厘定，本

161

书虽得完全，高注仅得一半。这是后世校书重新厘定篇章的实例之一。

清毕沅校刊《吕氏春秋》，首列所据旧本："元人大字本（脱误与近时本无异）、李瀚本（明宏治[①]年刻，篇题尚是古式，今皆仍之）、许宗鲁本（从宋贺铸旧校本出，字多古体，嘉靖七年刻）、宋启明本（不刻年月，有王世贞序）、刘如宠本（神庙丙申刻）、汪一鸾本（神庙乙巳刻）、朱梦龙本（每用他书之文以改本书，为最劣）、陈仁锡《奇赏汇编》本。"这是广罗异本以作底本。厘定篇次，则可于他底《吕氏春秋卷帙考》见之：

《汉书·艺文志》杂家：《吕氏春秋》二十六篇，秦相吕不韦辑智略士所作。

梁庾仲容《子钞》：《吕氏春秋》三十六卷（见《子略》）。

《隋书·经籍志》子部：《吕氏春秋》二十六卷，秦相吕不韦撰，高诱注。

马总《意林》：《吕氏春秋》二十六卷。

《旧唐书·经籍志》杂家：《吕氏春秋》二十六卷，吕不韦撰。

《新唐书·艺文志》杂家：《吕氏春秋》二十六卷，吕不

[①] 宏治，即明孝宗年号"弘治"，清人毕沅避清高宗弘历讳改。

韦撰，高诱注。

《文献通考·经籍》杂家：《吕氏春秋》二十卷（此脱"六"字）。

《通志·艺文略》杂家：《吕氏春秋》二十六卷，秦相吕不韦撰，高诱注。

《郡斋读书志》杂家类：《吕氏春秋》二十六卷，秦相吕不韦撰，后汉高诱注。

《直斋书录解题》杂家类：《吕氏春秋》三十六卷，秦相吕不韦撰，后汉高诱注（此与《子钞》卷数皆误）。

《宋史·艺文志》杂家类：《吕氏春秋》二十六卷，高诱注。

他罗列各种书目底《吕氏春秋》卷数，以见《子钞》和《直斋书录解题》底"三十六卷"是误"二"为"三"，《文献通考》底"二十卷"为脱去一"六"字，方断定"《吕氏春秋》总二十六卷，凡百六十篇"。又说明宏治年刻的李瀚本，"篇题尚是古式，今皆仍之"。可见他对于《吕氏春秋》底卷数和篇题之式，曾下过一番考订的工夫。又如孙星衍《晏子春秋序》曰："《晏子》八篇，见《艺文志》。后人以篇为卷，又合《杂》上下二篇为一，则为七卷，见《七略》（原注：《史记正义》'《七略》云，《晏子春秋》七篇，在儒家'）及隋、唐《志》。宋时析为十四卷（原注：《玉海》

'四'作'二',疑误),见《崇文总目》。实是刘向校本,非伪书也。"则孙氏校刊《晏子》,亦考订其篇数了。

古书有分章错误者,俞樾《古书疑义举例》中举有三例。其一曰:"《诗·关雎》篇。《关雎》五章,章四句。故言三章,一章章四句,二章章八句。《释文》曰:'五章是郑所分,故言以下是毛公本意,后放此。按:《关雎》分章,毛、郑不同,今从毛,不从郑。'窃谓此诗当分四章,每章皆有'窈窕淑女'句,凡四言'窈窕淑女',则四章也。首章以'关关雎鸠'与'窈窕淑女',下三章皆以'参差荇菜'与'窈窕淑女';惟第二章增'求之不得,寤寐思服,悠哉悠哉,辗转反侧'四句,此古人率法之变。'求之不得',正承'寤寐求之'而言。郑分而二之,非是。毛以此章八句,遂合三、四两章为一,使亦成八句,则亦失之矣。"此诗近人以为是咏新婚的。《周南》所以首列此诗,正是《中庸》所谓"君子之道,造端乎夫妇"。《小序》《毛传》及朱子《集传》,说均迂。首章以在河洲上雌雄相呼,其声关关的雎鸠,比君子之求淑女为良偶,是总起。以下三章,即俯拾河洲旁参差的荇菜为比。第二章以左右流着的荇菜比寤寐求之尚不能得的淑女,第三章以左右采撷的荇菜比已有友谊的淑女,第四章以已经采撷,可供择取的荇菜比亲迎结褵,乐以钟鼓的淑女。俞氏分作四章,步骤层次,极为分明。其二曰:"《论语》分章亦有可议者。如'子曰:雍也可使南面'为一章,'仲弓问子桑伯子'以下又为一章。

必谓仲弓闻子许己，因问子桑伯子以自质，则失之泥矣。此古注是而今非也。'子谓颜渊曰：用之则行，舍之则藏，惟我与尔有是夫'为一章，'子路曰'以下又为一章。子路之问乃是自负其勇。必谓因夫子独美颜渊而有此问，则视子路太浅矣。此古注与今本俱失者也。"按《论语》原文："仲弓问子桑伯子。子曰：'可也，简。'仲弓曰：'居敬而行简，以临其民，不亦可乎？居简而行简，毋乃太简乎？'子曰：'雍之言然。'""居敬行简"，就是孔子赞舜底"夫何为哉，恭己正南而已矣"，《中庸》末了底"笃恭而天下平"，正是儒家底"无为而治"。"居简行简"，则直是道家底无为。孔子把"敬"字看得很重，故道千乘之国，首曰"敬事而信"；答仲弓问为邦，先言"出门如见大宾，使民如承大祭"。此云"居敬"，即是以敬律己。所谓"敬事"，即是对于他底职务能笃恭致敬，不怠惰，不轻忽，这就是"忠恕"之道底"忠"（答仲弓问为邦，又说"己所不欲，勿施于人"，即是"忠恕"并提）。治国能居敬，决不至朝令暮改，方可以使民信之，故曰"敬事而信"。但发号施令，则须求其"行简"，否则便扰民了。子桑伯子能居简而行简，起码不至扰民，但未能居敬，病其太简而已，故曰"可也，简"。所谓"可也"者，正说他亦可使南面。如分做两章，则后一章没头没脑，不知在说什么了。后一例，则不妨分作两章。其三曰："《老子》五十七章：'以正治国，以奇用兵，以无事取天下，吾何以知其然哉？以此。'按此数句，当属上章。如二十一章曰：

'吾何以知众甫之然哉？以此。'五十四章曰：'吾何以知天下之然哉？以此。'并用'以此'二字为章末结句是也。下文'天下多忌讳而民常贫'，乃别为一章。今本误。"俞氏此条说得很有理由。

古书分篇错误之例，俞氏也举有二例，理由都很充分。其一曰："《吕氏春秋·贵信篇》：'管子可谓能因物矣。以寻为荣，以穷为通，虽失乎前，可谓后得之矣。物固不可全也。'按：《贵信篇》文止于'可谓后得之矣'，言管仲失乎前而得乎后，其意已足。'物固不可全也'，乃下《举难篇》之起句，故其下云'由此观之，物岂可全哉？'正与起句相应也。今本误。"其二曰："《董子·深察名号篇》：'诘其名实，观其离合，则是非之情，不可以相谰也。'按：此下当接'《春秋》辨物之理'至'五石六鹢之辞是也'六十三字。《深察名号篇》至此已毕。'今世闇于性，言之者不同'，至'离质如毛，则非性矣，不可不察也'八十三字，与'衽众恶于内'云云相接，即为《实性上篇》。今此八十三字误屬入《深察名号篇》'《春秋》辨物之理'一节之上，而两篇遂不可分矣。非《董子》之旧。"俞氏此条，不但正分篇之误，并整理错简。"深察名号"是论正名，故及《春秋》辨物之理。《实性篇》是论性，故有离质非性之说。其理至明。

古书又有屬入他书底一部分者。如《礼记》各篇，与《子思子》《公孙尼子》《荀子》同者，明是汉儒采取各书，辑入《礼记》，且同是儒家之言，选辑成书，原极合理。《管子》书中，有道家言，如《内业》《心术》《白心》……有法家言，如《七法》《任法》《明法》……法家本出于道家（详见《诸子学纂要》），也还有理由可说。但《弟子职》一篇则明是儒家之言，本来单行，《汉志》列《六艺·孝经类》，且为四言韵语，文体亦异。又有《轻重》篇，《傅子》及孔颖达都说是后人所加。这都是误编入的。又如《韩非》有《存韩》篇，故李斯谗非，有"非终为韩不为秦"之言。非为韩诸公子，其劝秦存韩，以保祖国，本是人情。而《初见秦》篇则又劝秦伐韩，故《通鉴》以欲覆祖国罪之。倘果如此，则韩非直是韩奸。但同一人，同一书，自相矛盾，不应至此。经多人考证方知为张仪之书误羼入韩非书中的。古书都由钞写，往往有另记他文之零简，附缀篇末，致和原书全不相类者。如《论语》末篇底《尧曰章》，《季氏》篇末底《邦君之妻章》，既非孔子底话，又和孔子底行事全没关系，显然是后来羼入的。

古诸子书多分内外篇，如《淮南子》内篇二十一篇，今存；外篇三十三篇，今亡；《汉志》内外分作二条。《孟子》内篇七篇，今存；外篇四篇，今亡；《汉志》综录内外，故曰十一篇。《抱朴子》内篇论神仙吐纳符箓克治之术，纯为道士之说；外篇则论时政得失，人事臧否，词旨辨博，颇有名理。《庄子》更分内篇、外篇、杂篇三种，内篇篇题有义，外篇、杂篇篇题无义。《论语》二十篇，上《论》十篇都是可信的，而且末列《乡党》篇，特记孔子衣食住行底生活状态。似编辑《论语》的及门弟子，所记孔子之言，全在前九篇中，编次既毕，特以此篇附之。下《论》十篇中，便都是不可信的记载，如《公山弗扰章》《佛肸召章》《侍坐章》……其文体称谓（上《论》记孔子但曰"子"，下《论》则曰"孔子"）亦不类。其第九篇《子张》，则所记多弟子之言。似此九篇又是第二次辑成的，或出于再传弟子之手，所记孔子之言，纂成八篇，乃附记弟子言论之《子张篇》。末篇最不可靠。此篇仅有三章，第一《尧曰章》，前已说及，与孔子全无关系。第二《子张问》，全与以前诸篇所记师弟问答不合。除此二章，便仅末章一章（参阅崔述《洙泗考信录》）。赵普有"以半部《论语》治天下"底话，当然是指上《论》而言的。我以为《论语》也当分作内外篇，以上《论》为内篇，下《论》为外篇。

古书有一篇又分为数篇者，其篇题必标于前，其分题必附于所分各篇之后。如《楚辞》，《九歌》为篇题，列于篇前，《东皇太一》《云中君》《湘君》《湘夫人》《大司命》《少司命》《东君》《河伯》《山鬼》《国殇》《礼魂》，皆分题，皆附于所分各篇之后。《九章》是篇题，列于篇前，《惜诵》《涉江》《哀郢》《抽思》《怀沙》《思美人》《惜往日》《橘颂》《悲回风》，皆分题，皆附于所分各篇之后。《吕氏春秋》，《孟春记》是篇题，列于篇前，《孟春》《本生》《重己》《贵公》《去私》，皆分题，皆附于所分各篇之后。《孟夏记》也是篇题，列于篇前，《孟夏》《劝学》《尊师》《诬徒》《用众》，皆分题，皆附于所分各篇之后。因为不知道古书有此体例，致写印者连分题于本文，读者也连分题于本文，已是可笑；乃有某书局所出师范学校国文教科书，选了《吕氏春秋》底《诬徒篇》，误以前面附于篇后的分题《尊师》为题，不知《尊师》与《诬徒》恰好相反，后有颟顸的国文教师以此教科书为据，翻印作选文，成了个大大的笑话。所以此虽小节，也为校勘者所应注意。倘该书局审核校勘的人能知道这一点，便不致这般印入教科书中去害别人了。此种篇题列前，分题附后的旧例，改于梁昭明太子萧统底《文选》。《文选》于《九歌》仅选其六，分题都移于前。自此以后，相沿成习，以为凡是题目，必在篇前了。又古书篇题，有有义的，有无义的。经书篇题，如《尚书》底《尧典》《皋陶谟》《禹贡》《洪范》……都是有义的，如《诗》底《关雎》《鹿鸣》《文王》《清庙》……都是无义的。子书篇题，如《孟子》底《梁惠王》《公孙丑》《滕文公》……都是无义的，如《荀子》底《劝学》《非相》《性恶》……都是有义的。惟《庄子》则内篇如《逍遥游》……皆有义，外篇、杂篇如《徐无鬼》《天下》，皆无义。篇题之无义者，都取首句二三字为题，不过取辨甲乙而已。汉以后，则篇题都有意义了，但尚有无题诗，尚有取首句二字为题之诗（李商隐最多）。这和校雠无甚关系，因为说到篇题，所以附记于此。

第五章 ○

撰述叙录

　　文字校正了，篇章厘定了，书底本身已是无疵累，有组织了。读者可以循序阅读，了解本书底内容，理会著者底思想了。校勘底工作似已完成，书籍底功用也得表现了。可是书籍汗牛充栋，每一部书又非旦夕所能阅完，究竟哪一部是必读之书，哪一部是可读之书，哪一部是不必读，甚至不可读之书，极难选择。于是校勘者要揭示本书底要旨与价值，介绍作者底生平与思想，又须撰述叙录，写于书前，使读者得先阅叙录，以决定其当阅读与否。所以，撰述叙录是校勘工作底第三步。

　　《汉志》叙刘向等校书之事曰："每一书已，向辄条其篇目，录而奏之。"阮孝绪《七录序》曰："昔刘向校书，辄为一录，论其指归，辨其讹谬，随竟奏上，皆载在本书。时又别集众录，谓之'别录'，即今之《别录》是也。"《隋志》亦曰："每一书就，向辄撰为一录，论其指归，辨其讹谬，叙而奏之。"每一书校理既毕，撰为一录，叙而奏之，载在本书的，是每一书底"叙录"。另写副本，集合许多书底叙录，乃成《别录》。《别录》虽已亡佚，而各书叙录，尚有存者，可以由此推想《别录》底内容。姚振宗《〈别录〉〈七略〉佚文》乃云刘向"典校既未及竣事，则《别录》亦无由成书；相传二十卷，殆子骏奏进《七略》之时勒成之。其曰《七略别录》者，谓《七略》之外别有此一录也"。按《隋志》始以"七略"二字加于"别录"之上，曰《七略别录》。《隋志》以前，无并称之者。《七录序》所谓"时又别集众录，谓之《别录》"，明承上文而言，指刘向之"时"。姚氏之说，殊为误会。清代辑校《四库全书》，虽曰告成于乾隆四十七年，至五十七年犹有校订未完者，而《总目提要》于三十九年七月即已进呈，撰述者且蒙优异之赏。《总目提要》全部完成于四十六年，远较全书完成为早。以后例前，亦可推见《别录》所以先成于刘向时之故了。又《七录序》曰："会向亡，哀帝使歆嗣其前业，乃徙温室中书于天禄阁上。歆遂总括群籍，奏其《七略》。"温室是校书底处所，天禄阁是藏书底处所。书既移藏天禄阁上，则已全部雠校完毕了。既须庋藏，于是有分类编目，写成一部总录底必要。刘歆所做的，便是这种工作。刘向卒于成帝绥和二年。是年，成帝亦崩，哀帝嗣立。翌年，即哀帝建平元年。同年，歆以移书责让太常博士，触大司空师丹之怒，出为太守。师丹于是年秋免，则歆之出守，当在是年秋季以前。以此推之，其奏《七略》，当更在前，大约至迟不得过此年之夏。然则歆继其父向领校秘书之期，不过一周年。刘向自成帝河平三年即受诏领校书，至绥和二年时卒，凡二十年。其父子任事之期，相差甚远。盖向卒时，雠校之工作已毕，集合各书叙录之《别录》，亦已完成，歆但为之分类编目，写成名为《七略》之总目录而已。

叙录底内容，大致可分为三项：

一曰叙述校雠。上文引各书叙录述校雠时所备的异本，定著的篇数，衍脱错误的概况，校雠人底姓名……都是。今再引《列子叙录》首节原文为例（前列篇目见上章，略）："右新书定著八篇。护左都水使者光禄大夫臣向言：所校中书《列子》五篇，臣向谨与长社尉臣参校雠。太常书三篇，太史书四篇，臣向书六篇，臣参书二篇，内外书凡二十篇。以校，除复重十二篇，定著八篇。中书多，外书少，章乱布在诸篇中。或字误，以'尽'为'进'，以'贤'为'形'，如此者众。及在新书，有揃（音剪）校雠从中书。已定，皆以杀青，书可缮写。"所列目次自"《天瑞》第一"至"《说符》第八"，及云"右新书定著八篇"，是述定著的篇数；中书、太常书、太史书、臣向书、臣参书，是记所备不同的底本；向与参，是记校雠的人；"中书多……如此者众"，是述错乱讹误的概况。即此一篇，可例其录。（《列子叙录》，或言系伪托，即使伪托，也须模仿刘向所作叙录底体例。）

二曰介绍作者。孟子尝曰："诵其诗，读其书，不知其人可乎？"读者对于书籍底著作者，常有知其生平的渴望。所以叙录中必须作简明的介绍。例如《晏子叙录》曰："晏子名婴，字平仲，莱人。莱者，今东莱地也。晏子博闻强记，通于今古。事齐灵公、庄公、景公，以节俭力行，尽忠极谏，道齐国得以行正，百姓得以附亲。不用，则退耕于野；用，则必不诎义，不可胁以邪。虽白刃交胸，终不受崔杼之劫。谏齐君，悬而至，顺而刻。及使诸侯，莫能诎其辞。其博通如此，盖次管仲。内能亲亲，外能厚贤。居相国之位，受万钟之禄，故亲戚待其禄而衣食五百余家，处士待而举火者亦甚众。晏子衣苴布之衣、麋鹿之裘，驾敝车疲马，尽以禄给亲戚朋友，齐人以此重之。"这是一篇言简意赅的晏子小传，能使读者得一很明白的印象。他不但介绍作者底事略，还要评论作者底思想言论，如《孙卿叙录》有曰："唯孟轲、孙卿能尊仲尼。……如人君能用孙卿，庶几于王。"《贾谊叙录》曰："贾谊言三代与秦治乱之意，其论甚美，通达国体，虽古之伊、管未能远过也。使时见用，功化必大。"有时还要说到他思想底渊源。如《列子叙录》有曰："列子者，郑人也，与郑缪公同时，盖有道者也。其学本于黄帝、老子，号曰道家。道家者，秉要执本，清虚无为，及其治身接物，务崇不竞，合于六经。"介绍作者，可谓详尽。但如儒家言、法家言、杂家言、杂阴阳诸书，则曰"不知何世"，宰氏、尹都尉、赵氏、王氏诸书，则曰"不知何世"，可见他底不知为不知，不肯强不知以为知了。至于后世依托古人之书，或羼入他人著作之书，则亦加以说明。如《神农叙录》则曰"疑李悝及商君所说"，不信其是神农之书。《黄帝泰素叙录》则曰"或言韩诸公孙之所作也，言阴阳五行，以为黄帝之道也，故曰泰素"，不信真为黄帝之书。《周训叙录》则曰"人间小书，其言俗薄"，不信真为周公之训。又如《晏子叙录》有曰："又有颇不合经术，似非晏子言，疑后世辨士所为者，亦不敢失，复以为一篇。"是同一书中，有可疑的部分，也必加以说明了。《汉志》说《封胡》《风后》《力牧》《鬼容区》为"依托"，《鶡子》为"后世所加"，《务成子》为"非古语"，《大禹》为"似后世语"，大抵都是节取叙录中的话；即使退一步说，也是因为刘向叙录介绍著者一项中有这类话，觉得很是重要，因亦注明于书名之下的。

三曰评述本书。关于本书的评述，是叙录底中坚。有解释书名底意义者，如《易传古五子叙录》曰："分六十四卦，著之日辰，自甲子至于壬子，凡五子，故曰'五子'。"《易传道训叙录》曰："淮南王聘善为《易》者九人，从之采获，故中书署曰《淮南九师书》。"《神输叙录》曰："神输者，王道失则灾害生，得则四海输之祥瑞。"有说明本书底内容者，如《周书叙录》曰："周时诰誓号令，盖孔子所论百篇之余。"《世本叙录》曰："古史官明于古事者之所记也，录黄帝以来诸侯及卿大夫系谥名号，凡十五篇，与《左氏》合也。"《战国策叙录》曰："臣向以为战国时游士辅所用之国，为之策谋，其事继春秋以后，迄楚汉之起。"有评定本书底价值者，如《战国策叙录》又曰："皆高才秀士度时君之所能行，出奇策异智，转危为安，运亡为存，亦可喜，皆可观。"《晏子叙录》有曰："其六篇可常置旁御观。"《孙卿叙录》曰："其书比于记传，可以为法。"《管子叙录》有曰："凡《管子》书务富国安民，道约言要，可以晓合经义。"有特别提出一部分，加以批评者，《列子叙录》又曰："《穆王》《汤问》二篇，迂诞恢诡，非君子之言。至于《力命》篇一推分命，《杨子》篇务贵放逸，二义乖背，不似一家之书，然亦各有所明，亦有可观者。"也有就书中所记史事，发表他主观的见解者，如《战国策叙录》又曰："周自文武始崇道德，隆仁义……卒致之刑措。……至秦孝公，捐礼让而贵战争，弃仁义而用诈谲……潜然道德绝矣。……是以苏秦、张仪、公孙衍、陈轸、代、厉之属，生从横长短之说，左右倾侧。……天下大溃，诈伪之弊也。……夫使天下有可耻，故化可致也。苟以诈伪苟活取容，自上为之，何以率下？秦之败也，不亦宜乎？"《战国策》底内容是史事，故这般虽是论史，实是论《战国策》底内容。刘向所校的是官书，所奉的诏命，《叙录》也是进呈御览的，其偏于政治的议论本是他对于成帝底贡献。这些"论其指归"底言论，就是后世解题、提要及书评之所从出。

姚鼐《古文辞类纂序》曾说："后世目录之序，子固特优已。"曾巩在宋仁宗时，曾参与校书之役，其目录序多作此时。现在录其《战国策目录序》于此："刘向所定《战国策》三十三篇。……

然后《战国策》三十三篇复完。"上章已引之，是叙述校雠底经过。此下方是序底本文。故以"叙曰"二字领之：

> 向叙此书，言周之先，明教化，修法度，所以大治。及其后，谋诈用而仁义之途塞，所以大乱。其说既美矣，卒以谓此书战国之谋士度时君之所能行，不得不然，则可谓惑于流俗而不笃于自信者也。夫孔、孟之时，去周之初已数百岁，其旧法已亡、旧俗已熄久矣。二子乃独明先王，以为不可改者，岂将强天下之主以后世之不可为哉？亦将因其所遇之时，所遭之变，而为当世之法，使不失乎先王之意而已。二帝三王之治，其变同殊，其法固异，而其为国家天下之意，本末先后，未尝不同也。二子之道，如是而已。盖法者，所以适变也，不必尽同；道者，所以立本也，不可不一，此理之不可易者也。故二子者守此。岂好为异论哉？能勿苟而已矣。可谓不惑乎流俗而笃于自信者也。战国之游士则不然。不知道之可信，而乐于说之易合，其设心注意，偷为一切之计而已。故论诈伪之便而讳其败，言战之善而蔽其患。其相率而为之者，莫不有利焉而不胜其害也，有得焉而不胜其失也。卒至苏秦、商鞅、孙膑、吴起、李斯之徒以亡其身，而诸侯及秦用之者亦灭其国，其为世之大祸也明矣，而俗犹莫之悟也。惟先王之道，因时适变，为法不同，而考之无疵，用之

无弊，故古之圣贤未有以此而易彼也。或曰：邪说之害正也，宜放而绝之；则此书之不泯，其可乎？对曰：君子之禁邪说也，固将明其说于天下，使当世之人皆知其说之不可从，然后以禁则齐；使后世之人皆知其说之不可为，然后以戒则明；岂必灭其籍哉？放而绝之，莫善于是。是以孟子之书，有为神农之言者，有为墨子之言者，皆著而非之。至于此书之作，则固上继春秋，下至楚汉之起，二百四十五年之间，载其行事，固不可得而废也。此书有高诱注者二十一篇，或曰三十二篇，《崇文总目》存者八篇，今存者十篇云。

这篇序是《战国策》底叙录，除序前及序末叙校雠经过及高注存亡的两节外，都是主观的评论，且就刘向《叙录》中的议论加以辩驳。此种做法，虽也是评论《战国策》底内容，但已是叙录底变体了。

清代校辑《四库全书》，每书各撰提要一篇列于卷前进呈，又辑诸书提要为《四库全书总目提要》，正和刘向先撰各书叙录，后又别集众录以为《别录》相同。现在把它底《战国策提要》摘录于此。此条先标"《战国策注》三十三卷"，注曰："衍圣公孔昭焕家藏本。"《提要》底本文曰：

旧本题汉高诱注，今考其书，实宋姚宏校本也。《文献通考》引《崇文总目》曰："《战国策》卷篇亡阙，第二至第十，第三十一至第三十三阙。又有后汉高诱注者二十一篇，今阙第一、第五、第十至二十，止存八卷。"曾巩校定序曰："此书有高诱注者二十一篇，或曰三十二篇，《崇文总目》存者八篇，今存者十篇。"此为毛晋汲古阁影宋钞本。虽三十三卷皆题曰高诱注，而有诱注者仅二卷至四卷，六卷至十卷，与《崇文总目》八篇数合；又最末三十一、三十二两卷，合前八卷，与曾巩《序》十篇数合。而其余二十三卷，则但有考异而无注。其有注者，多冠以"续"字。其偶遗"续"字者，如《赵策一》"郇疵"注、"雒阳"注，皆引唐林宝《元和姓纂》；《赵策二》"瓯越"注，引魏孔衍《春秋后语》；《魏策三》"芒卯"注，引《淮南子注》。衍与宝在诱后，而《淮南子注》即诱所自作，其非诱注，可无庸置辨。盖巩校书之时，官本所少之十二篇，诱书适有其十，惟阙第五、第三十一。诱书所阙，则官书亦有之，亦惟阙第五、第三十一。意必以诱书足官书，而又于他家书内摭二卷补之。此官书、诱书合为一本之由。然巩不言校诱注，则惟取正文也。迨姚宏重校之时，乃并所存诱注入之，故其自序称"不题校人，并题续注者皆余所益"，知为先载诱注，故以"续"为别。且凡有诱注复加校正者，并于夹行之中又为夹行，与无注之卷不同，知校正之时注已与正文并列矣。卷端曾巩、李格、王觉、孙朴诸序跋，皆前列标题，各题其字，而宏序独空一行，列于末，前无标题，序中所言体例一一与书合。其为宏校本无疑。其卷卷题高诱名者，殆传写所增，以赝古书耳。书中校正，称"曾"者，曾巩本也；称"钱"者，钱藻本也；称"刘"者，刘敞本也；称"集"者，集贤院本也；无姓名者，即宏序所谓"不题校人"，为所加入者也。其点勘颇为精密。吴师道作《战国策鲍注补正》，亦称为善本，是元时犹知注出于宏。不知毛氏宋本何以全题高诱。考周密《癸辛杂识》称贾似道尝刊是书。岂其门客廖莹中等皆蝶衰下流，昧于检校，一时误题，毛氏适从其本影钞欤？近时扬州所刊，即从此本录出，而仍题诱名，殊为沿误。今于原有注之卷，题"高诱注，姚宏校正续注"；原注已佚之卷，则惟题'姚宏校正续注'而不列诱名，庶几各存其真。宏字令声，一曰伯声，剡川人，尝为删定官。以忤直忤秦桧，瘐死大理狱中。盖亦志节之士，不但其书足重也。

这一篇《提要》完全侧重在考证《战国策注》虽旧题高诱注，实在大部分是姚宏续注的，于《战国策》本书没有什么评述。篇末也只对于续注的姚宏约略介绍，所以只能说是《战国策注》底提要，不能说是《战国策》底提要。但较曾巩那篇《战国策目录序》以发空议论为中坚的，却得体得多。

梁启超在清华大学研究院所撰的《要籍解题及其读法》,虽不是校雠后撰述的,也是叙录一类底文章。解题底部分,几全同于叙录,其精详实有胜于前人。读法底部分,对于读者更有切实的指导。以与校雠无甚关系,不复赘及。

第六章

伪书底鉴别

伪书底鉴别,本是校雠工作之一部,故上编及上章都曾提到。但因此种"辨伪"工作,宋以后日益发展,并且引申为研究古史方面底重要工作,已有自附庸蔚成大国之势,所以本章再把它提出来,叙说一下。

胡应麟《四部正讹》是辨伪书底专编,首论伪书之种类曰:

> 凡赝书之作,情状至繁,约而言之,殆十数种。有伪作于前代而世率知之者,风后之《握奇》,岐伯之《素问》是也。有伪作于近代而世反惑之者,卜商之《易传》,毛渐之《连山》是也。有掇古人之事而伪者,仲尼倾盖而有《子华》,柱史出关而有《尹喜》是也。有挟古人之文而伪者,伍员著书而有《越绝》,贾谊赋鵩而有《鹖冠》是也。有传古人之名而伪者,尹负鼎而《汤液》闻,咸饭牛而《相经》著是也。

有蹈古书之是而伪者，汲冢发而《师春》补，《梼杌》纪而楚史传是也。有惮于自名而伪者，魏泰《草录》之类是也。有耻于自名而伪者，和氏《香奁》之类是也。有袭取于人而伪者，法盛《晋书》之类是也。有借重于人而伪者，子瞻《杜解》之类是也。有恶其人而伪以祸之者，僧孺《行记》之类是也。有恶其人而伪以诬之者，圣俞《碧云》之类是也。有书本非伪，人托之而伪者，《阴符》不言三皇而李筌称黄帝之类是也。有书本伪，人补之而益伪者，《乾坤凿度》及诸纬书之类是也。又有伪而非伪者，《洞灵真经》本王士元所补，而以伪《亢仓》，《西京杂记》本葛稚川所传，而以伪刘歆之类是也。又有非伪而实伪者，《化书》本谭峭所著，而宋齐丘窃而序传之，《庄注》本向秀所作，而郭子玄取而点定之之类是也。（原注：二说尚难信，谭事仅羽流所述，向子期与嵇、阮诸文士友而绝不为言。姑据前人载此。）又有当时知其伪而后世弗传者，刘炫《鲁史》之类是也。又有当时记其伪而后人弗悟者，司马《潜虚》之类是也。（原注：《潜虚》，司马温公属草未成，后人赝补行世，见朱紫阳《语录》、黄东发《日钞》。）又有本无撰人，后人因近似而托者，《山海》称大禹之类是也。又有本有撰人，后人因亡失而题者，《正训》称陆机之类是也。

总之，所谓"伪书"，指所署著作人并非真正的作者而言，无论是依托古人，是假名今人，是有意作伪，是后人妄测。

倘以作伪底原因做标准，则伪书可以分为五等。第一等是"托古改制"。周秦诸子底托古改制，《诸子学纂要》中述之已详。他们各有救世底热忱，改制底主张，但因世人贵古贱今，故必托之古圣先贤以自重。如孔子之祖述尧、舜，道家之称述黄帝，墨子之用夏政，农家之为神农之言，皆是。此虽有意托古，而其学说确有不可磨灭的价值，足以令人崇拜，其著作，亦仍标立说者之姓名。至各《汉志》所录，黄帝、神农、大禹、伊尹……之书，则竟题为古人所作了，虽是其次，亦可隶于此类。朱子从《礼记》中抽出《大学》一篇，分为经十章，传十章，说经是孔子之言而曾子述之，传是曾子之意而门人记之，又说它有错简脱简，变易原序，并补《格物致知传》一章。这样一来，朱子底学说，便得了个有力的根据。其用意和周秦诸子底托古改制差不多。所以亦可列入此等。

第二等是"诬古便己"。东汉末，经学大师首推郑玄。王肃是后起的，偏想驳倒郑玄，于是伪造《孔子家语》《孔丛子》《伪古文尚书》《伪孔安国传》，以为其《圣证论》底根据。王肃并没有创立学说底能力，所以作伪，正因他底学力不足以抗郑玄。为逞私意，便私图，而造伪书，实不足取。在王肃之前，西汉末，刘歆发现古文经，为经学史上一大公案。据康有为底《新学伪经考》

看来，刘歆之所以伪造古文经，以《周官》为古文经，托之周公，名之曰《周礼》，使驾于《仪礼》之上，而成"礼经"者，全是为王莽打算。王莽立孺子婴，居摄践阼，自比周公，其所变法制，亦多合《周官》，这种办法，本来也是"托古改制"而见之实行者。但刘歆何尝有这种识力魄力，不过以此媚王莽而已。

第三等是"托古炫才"。陈师道言："王通《元经》、关子明《易传》、李靖《问对》，皆阮逸所伪撰，盖逸尝以草示苏明允云。"（见《直斋书录解题》）伪造古书而以草稿示人，其为炫才可知。又如《子华子》，题程本撰，以为即与孔子倾盖而谈之程子。胡应麟因其书出版于会稽，而文笔似宋人应试文字，且取王安石《字说》，故断定为宋时困于试场的士子所伪撰，而托之于同姓氏的程子。这也意在炫才的。

第四等是"匿名盗名"。如和凝年少时尝为《香奁集》，及贵盛，乃嫁名于韩偓（叶少盛以为韩熙载）。魏泰作《括异志》《倦游录》等，因喜诬诋前人，假名武人张师正。这是匿名的。郭象底《庄子注》、宋齐丘底《化书》，如果是窃取向秀、谭峭底著作而冒题己名，则是盗名的了。

第五等是"贸利嫁祸"。《北史·刘炫传》曰："时牛弘奏购天下遗逸之书。炫遂伪造书百余卷，题为《连山易》《鲁史记》等，录上送官，求赏而去。"（胡应麟以为《连山易》是毛渐所伪造。）这直是"欺诈取财"了。又如李德裕与牛僧孺为政敌，李之门徒韦谨，伪造《周秦行纪》以构陷牛氏，中有"沈婆儿作天子"等话。魏泰撰《碧云騢》，中有訾及范仲淹语，而嫁名于梅尧臣，则直是"嫁祸害人"了。

《四部正讹》又曰："凡核伪书之道，核之《七略》以观其源，核之群志以观其绪，核之并世之言以观其称，核之异世之言以观其述，核之文以观其体，核之事以观其时，核之撰者以观其托，核之传者以观其人，核兹八者，而古今赝籍亡隐情矣。"这是胡应麟论辨别伪书底方法。总括起来，可以约为四项：

一曰观其文辞。《伪古文尚书》本东晋豫章内史梅赜所献，有汉孔安国《传》及《序》。唐孔颖达用之作《正义》，遂盛行于世。宋吴棫始疑之，尝曰："增多之书皆文从字顺，非若伏生之书诘屈聱牙。"（见《书稗传》）朱子亦曰："汉儒以伏生之书为今文，安国之书为古文，以今考之，则今文多艰涩，古文反平易。伏生背文暗诵，乃偏得其所难；安国考定古文于科斗古书错乱磨灭之余，反得其所易，则有不可晓者。"又曰："孔安国《传》是假书，兼《序》亦可疑，却是晋宋间文章。"又曰："孔氏书注，疑非安国所注，盖文字固善，不是西汉文章。"（见《语录》）阎若璩《尚书古文疏证》曰："《尔雅·释诂》：'郁陶，繇喜也。'郭璞注引《孟子》曰：'郁陶思君。'《礼记》：'人喜斯陶，陶斯咏，咏斯犹。'犹即繇也。邢昺疏：'皆谓欢悦也。郁陶者，心初悦而未畅之意。'《伪古文尚书·五子之歌》曰：'郁陶乎予心。'竟忧喜错认而不识其意义矣。"又曰:"古人文多用韵,不独《周易》《老子》为然。其与人面语,亦间以韵成文。'尧曰咨尔舜'一段,'躬''中''穷''终'韵协。意当曰舜亦命禹,未尝增减一字。而《伪大禹谟》于呼禹之下,增十二句,至'天之历数在女躬',增四句而至'允执厥中',增九句而至'四海困穷,天禄永终',又溢以二句而止。不惟其辞之费,意之重,于古人以韵成文之体亦太不识矣。"这都是从本书底文辞上看出破绽的,就是胡氏所谓"核之文以观其体"。

二曰考之历史。晁公武《郡斋读书志》曰:"仁寿(隋文帝)四年,王通始至长安,李德林卒已九年,而《文中子》有德林请见之语。(其言曰:'李德林请见,援琴鼓《荡》之什。'①)关朗在太和中见魏孝文,自太和丁巳至通生之岁,开皇四年甲辰,一百七年矣,而书谓问礼于关子。"此考之作者历史而可推知其伪者。《三坟》为《七略》《隋志》所无,而元丰(宋神宗年号)中毛渐得之唐州民舍(见《郡斋读书志》《直斋书录解题》);《隋志》言《鲁诗》亡于西晋,而申培《诗说》,嘉靖(明世宗年号)中出于庐陵郭相奎家(见《古今伪书考》)。《古文尚书》,《汉志》明说较今文多十六篇,即使把《九共》分做九篇,也只多了二十四篇。《伪古文尚书》并没有《九共》,倒较今文多二十五篇。《鹖冠子》,

---

① 底本有省略,据《郡斋读书志校证》订补。

《汉志》所录只一篇，韩愈所读增至十九篇，《四库全书总目》竟多至三十六篇。此考之历代史志而可推知其伪者。前者即胡氏所谓"核之事以观其时，核之撰者以观其托"，后者即胡氏所谓"核之《七略》以观其源，核之群志以观其绪"。

三曰稽诸旁证。阎若璩《尚书古文疏证》尝以《墨子》《左传》《论语》等书，证《古文尚书》之伪曰："《墨子·尚同》引《泰誓》云：'小人见奸巧，乃同不言也，发罪钧。'今晚出《泰誓》独遗此语。《左传》庄八年夏：'齐师围郕，郕降于齐师。仲庆父请伐齐师。公曰：不可，我实不德，齐师何罪？罪，我之由。《夏书》曰：皋陶迈种德。德乃降。姑务修厥德以待时乎！'征之左氏词例，'德乃降'为庄公释《书》之语（按此言齐师有德，郕乃降之耳）。伪《古文·大禹谟》竟全录入经。《论语》引《书》曰：'孝乎惟孝，友于兄弟，施于有政。'包咸注：'孝乎惟孝，美之之词。'伪《古文·君陈》竟以'孝乎'二字属上读，认为孔子之言（伪《君陈》此句无'孝乎'二字）。"马师夷初作《列子伪书考》，也搜集许多旁证。说《天瑞篇》"有太易，有太始，有太素"一章，全出《易纬乾凿度》；《周穆王篇》穆王见西王母事，出《穆天子传》；又言梦有六候，与《周官》占梦合（六梦：正梦、噩梦、思梦、寤梦、喜梦、惧梦）；《仲尼篇》言西方之人有圣者焉，袭取佛经（按《周穆王篇》言"西极之国有化人来"，亦指佛）；《汤问篇》所言多《山海经》中事，而所云方壶、瀛洲、蓬莱为秦以后方士之说；所云皇子不信火浣布，系魏文帝事；《力命篇》记子产杀邓析事，用《吕氏春秋·离谓》篇（按：子产卒于昭公八年，驷歂杀邓析在定公九年，见《左传》。此郑事，列子郑人，岂有不知之理）。这都是于本书之外，旁求他书，搜集证据的。

四曰衡以情理。《昭明文选》有李陵《答苏武书》，与《苏武赠答诗》，而《史记》并未言及；班婕妤有《团扇诗》，扬雄有《剧秦美新》，而《汉书》并未言及。司马迁与李陵并时，班婕妤为固之世姑，扬雄与固相去亦不远，何以都未之知，而梁之萧统反能知之？朱子校定《韩昌黎集》，附有《外集》，用方氏本，云"潮州灵山寺所刻"，末署"吏部侍郎潮州刺史"。韩愈自刑部侍郎贬潮州，后召还，方由兵部转吏部。且李汉收编《韩昌黎集》，序曰："收拾遗文，无所失坠。"则本集之外，更无他文可知了。又如《列仙传》，题刘向撰。中云："历观百家之中，以相检验，得仙者百四十六人，其七十四人已在佛经，故检得七十二人。"刘向时安得有佛经？《汉志》列举《新序》《说苑》《世说》《列女传》诸书，何以独遗此《列仙传》？又有《牛羊日历》者，记牛僧孺、杨虞卿等事，故名。唐人刘轲撰。记载当时之事，而命名如此，岂无贾祸之虑？《通鉴注》以为是皇甫松作，松有恨于牛僧孺，故为此书，而嫁名于刘轲。这些伪作，只须揆情度理，便可以灼见其伪。

又有真书中羼入一部分伪书者。如《韩非子》底《初见秦》篇，劝秦伐韩，不但大非人情，且与《存韩》篇自相矛盾，前已言之。及检《战国策》，乃知为张仪说秦王之辞，误入《韩非》中。司马光竟以此痛斥韩非之欲覆祖国，未免太冤。又如《史记·秦始皇本纪》末有"明帝十七年十月"云云，《司马相如传赞》有"扬雄以为靡丽之赋讽一劝百"云云。司马迁是武帝时人，何由预知后有扬雄、明帝？又有作者并无作伪之意，但因未明何人所作，纷纷猜度，疑是古人者。如《诗序》本为东汉卫宏所作，明见《后汉书·儒林传》。而郑玄《诗谱》以为《大序》子夏作，《小序》毛公作，王肃《家语注》以为子夏作，成伯屿以为子夏只有首句，以下出毛公，王安石以为诗人自作，程颢以为《小序》国史旧文，《大序》孔子作，曹粹中以为毛公门人记其师说。又有本不著撰人，后人妄自追题一撰人者。如《尔雅》，《汉志》《隋志》皆不著撰人，唐陆德明《经典释文》方云《释诂》周公作。于是又有孔子、子夏等增益之说。《山海经》，《汉志》亦不著撰人，而后世假托刘歆表上，以为禹、益所撰。《水经》，《隋志》仅言一本三卷，郭璞注；一本四十卷，郦善长注，不著撰人；《崇文总目》仅云郦注，亦不著撰人；《旧唐志》乃云"郭璞作"，《新唐志》乃云"桑钦作"；都可以上述各方法辨证之。

上文所举各例，都是因所题撰人之伪而目为伪书的。其有不关撰人，而书中所载事实为伪者，尤宜加以鉴别。如孔毅夫《杂说》（亦系伪书，托名于孔）有曰："韩退之作《李于墓志》，戒人服金石药而自饵硫黄"。其实，饵金石药而死的是卫退之，白居易诗曰："退之服硫黄，一病讫不痊。"是说卫退之的。因为韩愈也字退之，所以传误。按之古代，如论东野毕者为颜阖，见《吕氏春秋》，而误为颜渊；为陈恒所杀者为阚我，见《左传》，而误为宰我。都是这一类。又有误以寓言设譬为实事者。《左传》记子太叔曰："蘩不恤其纬而忧宗周之陨，为将及焉。"此不过设譬，而一衍为漆室之女，不绩而忧鲁国，再衍为鲁监门之女婴，忧卫世子之不肖，终身不食葵，而《韩诗外传》及《列女传》采之。苏秦有周主忠妾佯仆覆药的故事，甘茂有贫女李吾乞富女徐吾分以余光的故事，本是假设寓言，用以设譬的，而《列女传》竟为之作传。《楚辞·渔父》，屈原憔悴行吟与渔父相遇于泽畔而问答，也是辞赋中常用的假设，而《高士传》竟为之作传。又有误会古书，以致传讹者。如"羲和占日，常仪占月"，本为占验之占。"仪"字古音读如"娥"（《诗》："菁菁者莪，在彼中阿，既见君子，乐且有仪。"与"莪""阿"为韵，是其证）。因常仪讹传作常娥，乃以为女子，又变而为嫦娥，并以"占月"为占居之占，遂有羿妻嫦娥窃不死之乐，奔居月中的神话。又有颠倒事实先后，而世人不加省察者。如秦穆公是春秋初人，而《列女传》说他底女儿是春秋末楚昭王底夫人；荀息死于里克杀献公子奚齐时，而《说苑》说他谏晋灵公筑台。姚崇在武后时已为相，开元初已三次入相，而《开元天宝遗事》说他开元时方官翰林学士；郭元振睿宗初为相，开元初贬死，后十年，张嘉贞方为相，而《开元天宝遗事》说郭元振少时美风姿，宰相张嘉贞欲纳为婿。

以上诸例，还是杂记小说中采摭传说而成者。正式的史书中，伪讹者亦不少。《尚书》断自尧、舜，孔子祖述尧、舜，孟子言必称尧、舜，不复上及尧、舜以前。及司马迁作《史记》，乃有《五帝本纪》，上及黄帝以来，但尚欲折衷于"六艺"，去百家不雅驯的传言。补《史记》者，乃增之以《三皇本纪》。谯周《古史考》、皇甫谧《帝王世纪》遂都上及于燧人、庖羲；至《三五历外记》《皇王大纪》以下，乃更上溯天皇氏、盘古氏了。以后世之人，述上古之事，又无可以考信的古籍，其为伪妄，不言可知。然即以《史记》一书而论，其中伪妄，也已不胜枚举了。即如经部之书，伪讹亦多。《论语》为孔门弟子记孔子之言行，宜若事事可据，而一则欲应公山弗扰之召，再则欲应佛肸之召，且有"吾岂匏瓜也哉，焉能系而不食"之语，直与现在屈身敌伪以"饭奸"自饰者底口吻相同，孔子固决无此事，孔子弟子亦不应如此厚诬其先师。又如《尚书》则有二十五篇的伪古文，其中伪误，亦复多如牛毛。孟子尝曰："尽信《书》，则不如无《书》。吾于《武成》，取二三策而已矣……以至仁伐至不仁，而何其血之流杵也？"血流漂杵，尚可谓为形容之夸饰。如《诗·鲁颂·閟宫》之"戎狄是膺，荆舒是惩"，则全为虚构之谀词，僖公时何尝有此？大、小《戴记》

本非经书,为汉戴德、戴圣所辑。但早附礼类,《小戴记》且列入《十三经》中了。《大戴记》说"文王十二而生伯邑考,十五而生武王"。《小戴记》说"文王九十七而终,武王九十三而终"。以此推之,则文王没,武王即位时,已八十四岁,在位只有十年了。而《尚书·洪范》称"惟十有三祀,王访于箕子",这又是什么道理?子书更不待论。如《墨子》记孔子绝粮陈、蔡之间,子路攘路人之彘肩,褫人衣以沽酒,孔子不问所从来而饮食之。及返鲁,鲁君宴之,乃又席不正不坐,割不正不食了。子路愤,质问,乃曰"彼一时,此一时"。此事之伪,一望而知。但墨子虽反对孔子,亦不至无赖诬蔑如此。又如《庄子·盗跖》篇记孔子往见柳下惠之弟盗跖,被其斥辱事。柳下惠为春秋初人,与孔子相距二百余年,庄子即欲诬孔子,何以笨拙至此?所以经史子书中也有许多不可靠的。

佛经目录辨伪甚早。晋僧道安底《综理众经目录》始列可疑之经于一处。唐僧明佺底《大周众经目录》,伪经别为一录。柳宗元集中有辨古伪书各文。宋欧阳修疑《易》十翼,王安石疑《春秋》,司马光疑《孟子》,朱子疑《孝经》、疑《古文尚书》。至明宋濂作《诸子辨》,胡应麟作《四部正讹》,清姚际恒作《古今伪书考》,方是鉴别伪书的专著。如明梅鹭底《尚书考异》、清阎若璩底《尚书古文疏证》、惠栋底《古文尚书考》、段玉裁底《古文尚书撰异》、丁晏底《尚书余论》,都是专辨《伪古文尚书》的。

崔述底《考信录》，则进一步考古书中所记上古三代及《论语》中所记孔子事实之伪讹。近人顾颉刚辑《古史辨》，对古史多所辩驳，即由校雠学底辨伪工作引申推衍而出者。段玉裁《与诸同志论校书之难》曰："校书之难，非照本改字，不讹不漏之难也，定其是非之难。是非有二：曰底本之是非，曰立说之是非。必先定底本之是非，而后可断其立说之是非。二者不分，如治丝而棼，如算之淆其法实，而瞀乱乃至不可理。何谓底本？著书者之稿本是也。何谓立说？著书者所言之义理是也。"定底本之是非，是校雠者底一般任务，定义理之是非，则进而及于书底内容了。前者是"治书"，后者是"治学"。以辨伪工作言，则鉴别此书是否为某人作，还是"治书"，鉴别书中内容底真伪，已进而为"治学"了。

193

第七章

搜辑佚文

本编第一章所说的征求遗书，是指书籍之遗散于民间者言，全书是仍在的。也有书已久亡，绝对不能求得全书者，则不得不求之他书，考其佚文，掇拾补录，以存残编。黄伯思《东观余论》载有《跋慎汉公所藏相鹤经后》曰："按《隋书·经籍志》《唐书·艺文志》，《相鹤经》皆一卷。今全书逸矣。特自马总《意林》、李氏《文选注》鲍照《舞鹤赋》钞出大略。今真静陈尊师所书即此也。"从《意林》《文选注》辑所引《相鹤经》，这便是搜辑佚文。此种工作，也是从校雠引申出来的。

郑樵《校雠略》曰：

> 书有亡者，有虽亡而不亡者。《文言略例》虽亡，而《周易》具在；汉、魏、吴、晋《鼓曲》虽亡，而乐府具在；《三礼目录》虽亡，可取诸《三礼》；十三代史目录虽亡，可取诸

十三史；常宝鼎《文选著作人名》虽亡，可取诸《文选》；孙玉汝《唐列圣实录》虽亡，可取诸《唐实录》；《开元礼目录》虽亡，可取诸《开元礼》；《名医别录》虽亡，陶隐居已收入《本草》；李氏《本草》虽亡，唐慎微已收入《证类》；《春秋括甲子》虽亡，不过起隐公至哀公甲子耳；韦嘉《年号录》虽亡，不过起汉后元至唐中和年号耳；《续唐历》，不过续柳芳所作至唐之末年，亦犹《续通典》续杜佑所作至宋初也；《毛诗虫鱼草木图》盖本陆玑《疏》而为图，今虽亡，而陆玑《疏》在，则其图可图也；《尔雅图》盖本郭璞注而为图，今虽亡，有郭璞注在，则其图可图也；张频《礼粹》出于崔灵恩《三礼义宗》，有《三礼义宗》，则《礼粹》为不亡；《五服志》出于《开元礼》，有《开元礼》，则《五服志》为不亡；有杜预《春秋公子谱》，无顾启《大夫谱》可也；有《洪范五行传》，无《春秋䜟异应录》可也；丁副《春秋三传同异字》，可见于杜预《释例》、陆淳《纂例》；京相璠《春秋土地名》，可见于杜预《地名谱》、桑钦《水经》；李腾《说文字源》，不离《说文》；《经典分毫字样》，不离《佩觿》；李舟《切韵》，乃取《说文》而分声；《天宝切韵》，即《开元文字》而为韵；《内外转归字图》《内外转铃指归图》《切韵枢》之类，无不见于《韵海镜源》；《书评》《书论》《书品》《书诀》之类，无不见于《法书苑》《墨薮》；唐人小说，多见于《语林》；近代小说，多见于《集说》；《天文横图》《圆图》《分野图》《紫微图》《象度图》，但一图可该；《大象赋》《小象赋》《周髀星述》《四七长短星》《刘石①甘巫占》，但一书可备；《开元占经》《象应验录》之类，即《古今通占鉴》《乾象新书》，可以见矣；《李氏本草拾遗》《删繁本草②》，徐之才《药对》《南海药谱》《药林》《药论》《药忌》之书，《本草证类》收之矣；《肘后方》《鬼遗方》《独行方》《一致方》及诸古方之书，《外台秘要》《太平圣惠方》中尽收之矣；纪元之书，亡者甚多，不过《纪运图》《历代图》，可见其略；编年纪事之书，亡者甚多，不过《通历》《帝王历数图》，可见其略；凡此之类，名虽亡而实不亡者也。

虽章学诚《校雠通义》说他"有发言太易者"，但亦佩"其见甚卓"。不过郑氏仅说"古书虽亡而实不亡"，并没有说到搜辑佚文底方法和理论。

章学诚《校雠通义》有《补郑篇》，其一曰："若云求之于古而不得，无可如何而旁求于今有之书，则可矣；如云古书虽亡而实不亡，谈何容易耶？"其二曰："若求之于古而不可得，无可如何而求之今有之书，则又有采辑补缀之成法，不特如郑樵所论已

---

① 石　底本讹作"氏"，据郑樵《通志二十略》改。
② 删繁本草　底本讹作"本草删繁"，据郑樵《通志二十略》改。

也。"所谓"采辑补缀",方是搜辑佚文。章氏又曰:"昔王应麟以《易》学独得王弼,《尚书》止存《伪孔传》,乃采郑玄《易注》《书注》之见于群书者,为《郑氏周易》《郑氏尚书注》。又以四家之《诗》,独《毛传》不亡,乃采三家《诗》说之见于群书者,为《三家诗考》。嗣后好古之士踵其成法,往往缀辑逸文,搜罗略遍。今按纬候之书,往往见于《毛诗》《礼记》注疏及《后汉书注》;汉魏杂史,往往见于《三国志注》;挚虞《流别》及《文章志》,往往见于《文选注》;六朝诗文集,多见采于《北堂书钞》《艺文类聚》;唐人载籍,多见采于《太平御览》《文苑英华》。一隅三反,充类求之,古逸之可采者多矣。"章氏并以王应麟底辑郑玄《周易注》《尚书注》《三家诗考》为辑佚之始。王氏于此三书外,尚辑有《庄子逸文》。辑佚之风,盖自王氏开之。但上引《东观余论》所记辑《相鹤经》,当在北宋,又早于王应麟了。

明代学者,亦有辑佚底工作,如姚士粦辑有《陆氏周易述》,但不甚著。孙毂辑有《古微书》,但《焚微》《线微》《阙微》《删微》四部,仅存《删微》一部,余皆不传;而所辑纬书,已有《尚书纬》十一种,《春秋纬》十六种,《易纬》八种,《礼纬》三种,《乐纬》三种,《论语纬》四种,《孝经纬》九种,《河图》十种,《洛书》五种了。

祁承㸁《澹生堂藏书约》底购书训有言:

如书有著于三代而亡于汉者，然汉人之引经多据之；书有著于汉而亡于唐者，然唐人之著述尚存之；书有著于唐而亡于宋者，然宋人之纂集多存之。每至检阅，凡正文之所引用，注解之所证据，有涉前代之书而今失其传者，即另从其书，各为录出。如《周易坤灵图》《禹时钩命诀》《春秋考异郛》《感精符》之类，则于《太平御览》中得之；如《会稽典录》、张璠《汉记》之类，则于《北堂书钞》中得之；如晋简文《谈疏》、《甘泽谣》、《会稽先贤传》、《渚宫旧事》之类，则于《太平广记》中得之。诸如此类，悉为裒集。又如汉唐以前，断文残简，皆当收罗。此不但吉光片羽，自足珍重，所谓举马之一体，而马未尝不立于前也。

祁氏所说，方为辑佚之理论与方法。他似乎应有许多辑佚底成绩，而现存者殊少人提及，不知是什么缘故。陶宗仪底《说郛》，大都节录明以前的小说史志，每书略存大概，但也有原本久亡，从类书中采辑佚文，以备一种者，可藉以见亡书之断简残编。所以陶氏虽不以辑佚著名，《说郛》虽不是辑佚之书，而其中也有辑成的佚书。

明人辑佚底成绩不很多，亦不很精；到了清代，始精而且盛。如马国翰底《玉函山房辑佚书》、黄奭底《汉学堂丛书》(又名《逸书考》)，都是著名的辑佚丛书。《玉函山房辑佚书》搜辑唐以前书籍之已佚者，遍考史志，从群经注疏音义、史传及类书中广引博征，辑成六百余种，分为经编（四百五十三种，阙二十一种）、史编（八种）、子编（一百七十三种，阙十七种）。每编之前，各有序录。黄奭底《汉学堂丛书》，也分为《汉学堂经解》（一百十二种）、《通德堂经解》（十七种）、《通纬》（七十二种）、《子史钩沉》（八十四种）四类。以上三人底辑佚，都偏重于经、史、子三部，不及集部。惟严可均底《全上古三代秦汉三国六朝文》，则是专辑集部底佚文的。此书凡七百四十六卷，所收作者共三千四百九十五家，分类编次，可谓为总集底巨编。大致以张溥底《汉魏六朝百三名家集》及梅鼎祚底《历代文纪》为蓝本，更由《群书治要》等搜辑逸文，以附益之。故以全书论，不能说它是辑佚底钜编，而其中却多辑存的佚文。还有洪颐煊底《经典集林》三十种，数量虽不如前三种，而其辑校之精，则为学者所公认。

关于马国翰底《玉函山房辑佚书》，有一种流言，说他是窃章宗源底稿本的。杨守敬尝辨之曰："或云：'《玉函山房辑佚书》，此书本系章宗源所辑，稿本皆在孙渊如处。后为马氏所得，遂掩为己有。'然余考《玉函》所载，史部仅八种，其《古文琐语》有十五条，章氏《隋书经籍志考证》只十三条，除《史通》二条《玉函》不载，只十一条。皇甫谧《年历》，《玉函》据《开元占经》所引甚多，章氏仅引《艺文类聚》二条。《汲冢书钞》，《玉

199

函》所辑古本一卷，章氏仅以今行本二卷注之。嵇康《圣贤高士传》，《玉函》引《御览》等书为一卷，章氏仅载《晋书》本传及《宋书·周续之传》。刘向《别录》，《玉函》载入刘歆《七略》二条，章氏则各标体例，较《玉函》为详。——审是，《玉函》非窃章氏书。而迩来学者，群声附和，良由马氏平日声称不广，故有斯疑欤？"杨氏取马、章二氏之书相比较，故能为马氏辩诬。郭象窃向子期底《庄子注》，事亦可疑，而数千年来，无如杨氏者能为辩白。则学者为流言所中，能否昭雪，也大有幸不幸了。

上文所举马国翰底《玉函山房辑佚书》、黄奭底《汉学堂丛书》，以及严可均底《全上古三代秦汉三国六朝文》、洪颐煊底《经典集林》四种，所辑佚书，范围都广，作者不限于一人，学术文章亦不限于一类，都是大规模的工作。余萧客底《古经解钩沉》三十卷，则所辑以唐以前诸儒对于群经的训诂为范围，自诸家经解所引，旁及史传类书，凡经师旧说，有片语单词可稽考者，都爬梳搜辑，著录于书，又以传从经，依次排比，并一一各著其所从出之书，有裨于经学之研究不浅。任大椿底《小学钩沉》十九卷，则所辑以古代关于文字学之书为范围，其所校辑自《仓颉篇》以下的古字书，凡四十种（前十二卷先成，由王念孙手校付刊，后七卷由其门人汪廷珍续刊）；有裨于文字学之研究不浅。这是专辑一门学术的佚书者。陈鳣底《论语古训》十卷，严可均底《尔雅一切注音》十卷，则专辑一书底佚注，其范围更狭了。两汉经师，注书多者，首推郑玄，而亡佚者已是很多。清代底经学家挑唐宋而远绍两汉，故经学有"汉学"之称。既尊汉儒，自然对郑玄更是心服。于是有专辑郑玄一人底佚著者，如孔广森有《通德遗书所见录》七十二卷，袁钧有《郑氏佚书》七十九卷，虽同为辑郑玄一人底佚著，而所辑并不完全雷同。这六种辑佚之书，无论以某种学术为范围，以某书或某人底著作为范围，较之前节所举四种，规模大小，迥然不同，但以校辑之精粗，价值之高低而论，则都不下于前节所举的四种。

汉儒传经笃守师法家法，其师所传，往往不敢稍有变易增损，故治某氏之学者，其说经之言，亦必为某氏之说。倘某氏之书已亡，就其同一宗派的学者之著述中，亦可钩稽其遗说。惠栋底《易汉学》（有《孟长卿易》二卷，《虞仲翔易》一卷，《京君明易》一卷，《干宝易》附于此，《郑康成易》一卷，《荀慈明易》二卷），即以此法采辑各书所引汉儒各家论《易》之绪余，加以考证的。张惠言底《周易虞氏义》，体例与此相类，惟以虞翻一人之《易》说为范围。臧庸《拜经日记》曰："王叔师（逸）《楚辞章句》所引《诗》，或与韩、毛不同，而与《尔雅》及《列女传》有合者，盖鲁义也。其训诂，亦往往有异于毛、郑，而较毛、郑为长者。兹纂录叔师之说，以《传》《笺》及《尔雅》诸书参订之，读《诗》者或有考于斯。"（所举例证甚多，不录。）臧氏从王逸《楚辞章句》中求《鲁诗》遗说，也用此法。其后陈乔枞仍用

201

臧氏之法，推及他书，并辅以古籍中所明引者，辑成《三家诗选说考》，其成绩远出王应麟底《三家诗考》之上。为学如积薪，后来者居上。筚路蓝缕，当然事倍功半，就前人未竟之绪，作更深更密更完备的研究，当然成就较大。这种搜辑遗说的方法，虽和搜辑佚文不尽相同，而其性质则完全一致。

搜辑佚文，须求已亡之书底原文，故必古书中明引此书者，方可采入。但又须细心参校，稍一粗疏，便易致误。古书引述某人或某书之言，往往稍有不同，故即加采辑，也不能认为此人此书底原辞原文，定是如此。《论语》："子曰：'夏礼吾能言之，杞不足徵也；殷礼吾能言之，宋不足徵也。'"《中庸》亦引此言，但曰："吾说夏礼，杞不足徵也；吾学殷礼，有宋存焉。"同是孔子之言，同为孔门后学所记，而已不同。（其所以不同之故，说亦不一：阎若璩以为《史记·孔子世家》言子思困于宋，作《中庸》，故为宋讳；且其时杞亡宋存，亦合事实。宋翔凤以为即公羊家黜杞存宋之旨。）《国语·鲁语》："昔者成王命我先君周文公及齐先君太公曰：'女股肱周室，以夹辅我先王。'"《左传》则曰："昔周公、太公股肱周室，以夹辅成王。"同为左丘明所作，同述成王之命，而文亦不同。（《国语》韦昭注："先王，武王也。"则与《左传》虽仅一字不同，意却大异了。）《孔丛子》孔臧与子琳书引《诗》曰："操斧伐柯，其则不远。"《诗》原文作"伐柯伐柯，其则不远"。《三国志》杜恕上疏："昔周公戒鲁公曰：'无使大臣怨何不以。'"《论语》记此,作"不使大臣怨乎不以"。《晋书·载记》,苻离上苻坚书:"《诗》曰:'兄弟急难,朋友好合。'"《诗》原文作"鹡鸰在原,兄弟急难"。《宋书·彭城王义康传》:"《诗》云:'兄弟虽阋,不废亲也。'"《诗》原文作"兄弟阋于墙,外御其侮"。《南齐书》萧子良与孔中丞书:"《孟子》有云:'君王无好智,君王无好勇。'"《孟子》中无此二语,仅有"王请无好小勇"语。《旧唐书·孙伏伽传》:"《论语》云:'一言出口,驷不及舌。'"《论语》记子贡语,仅有"驷不及舌"一句。又《崔元亮传》:"孟轲有言,众人皆曰杀之,未可也。"《孟子》原文,作"左右皆曰可杀,勿听[1];诸大夫皆曰可杀,勿听;国人皆曰可杀,然后察之,见可杀焉,然后杀之"。可见古人引书,但用其大意,而不拘其原文。倘所引之书已亡,而辑诸书所引,以为原文如此,便非庐山真面了。

又有引《诗》而合两句为一句者。如《诗》明曰"东方明矣,朝既昌兮",而《说文》引作"东方昌矣";明曰"混夷駾矣,维其喙矣",而《说文·口部》引作"犬夷呬矣";明曰"公尸来止欣欣,旨酒熏熏"("欣欣""熏熏"今本误倒),而《说文·酉部》引作"公尸来燕醺醺";明曰"衣锦褧衣,裳锦褧裳",而《中庸》引作"衣锦绹尚"("尚"为"裳"之借字,"绹"同"褧",今本作"衣锦尚绹",俞樾谓"尚""绹"二字误倒)。则古人引《诗》,省

---

[1] 勿听 底本作"未可也",据《四书章句集注》改。下同。

合两句为一句，竟是常事。倘《诗经》已亡，而据《说文》《中庸》所引辑之，以为原文如此，岂非大误？

总之，辑佚不是一件容易的事。如但见某书中有引此书者，按条钞录，便算辑佚，则只需几个书记，便可了事。这正和校勘一样，现在印刷所中的校对，把底本对校初印底样张，也不能说他们是校勘家。因为不是易事，所以搜辑佚文，如能成绩斐然，便可成一有名的学者。

第八章

分类编目上

校正文字,审定篇章书名,撰述叙录,是校勘(狭义的校雠)底工作;辨伪和搜辑佚文,也是由校勘引申而出的工作。校勘既毕,进而分类编次,便是目录学底任务,只能说是广义的校雠了。但自来论校雠者,往往轻视校勘,侧重目录。郑樵《校雠略》尝曰:"以今之书校古之书,百无一存,其故何哉?士卒之亡者,由部法之不明也;书籍之亡者,由类例之不分也。类例分,则百家九流各有条理,虽亡而不能亡也。"以为类例既分,则"书守其类",而"有专门之书";"学守其书",而"有专门之学";专门之学,世世传之,则"人有存没而学不息,世有变故而学不亡"了。又云:"欲明天者在于明推步,欲明地者在于明远迩,欲明书者在于明类例。"郑氏既重视类例,故"取列朝著录,略其鲁鱼亥豕之细,而特以部次条别,疏通伦类,考其得失之故,而为《校雠略》"(用章学诚语)。"鲁鱼亥豕",指校勘文字,"部次条别",

指编次分类。即此，可见郑樵底《校雠略》完全侧重在目录方面。章学诚底《校雠通义》也是如此。故其自序曰："校雠之义，盖自刘向父子，部次条别，将以辨章学术，考镜源流；非深明于道术精微，声言得失之故者，不足与此。"《原道》曰："著录部次，辨章流别，将以折衷六艺，宣明大道，不徒为甲乙记数之需。"《互著》曰："古人著录，不徒为甲乙部次计；如徒为甲乙部次计，则一掌故令史足矣，何用父子世业，阅年二纪，仅乃卒业乎？盖部次流别，申明大道，叙列九流百氏之学，使之绳贯珠联，无少缺逸，欲人即类求书，因书究学。"刘氏父子校书，所以费了许多时间，本因整理校勘之不易，刘向校理既竣，刘歆便撮群书而成《七略》了。章氏此言，未合事实。不过"部次条别"，确是目录学底重要工作。"著录部次"是一事，就是"分类编次"；"辨章流别"是一事，就是考辨学术底源流。前者是目录学底任务，后者则已涉及学术史了。

《汉书》卷三十六载刘歆"复领《五经》，卒父前业，乃集六艺群书，种别为《七略》"。《汉志》亦言"歆于是总群书而奏其《七略》。故有《辑略》，有《六艺略》，有《诸子略》，有《诗赋略》，有《兵书略》，有《术数[①]略》，有《方技略》"。"种别"，犹言"类分"。因为刘向领校秘书，初在温室中，虽校理粗毕，尚

[①] 术数　底本作"数术"，据《汉书》改。下同。

未有分类的目录；及刘歆继父之职，乃由温室徙书于天禄阁上，方总括群书，分类编次，成一总目，名之曰《七略》。《七录序》曰："其一篇即六篇之总最，故以'辑略'为名。"隋法经底《众经目录》，前六卷为各类书目，末一卷《众经总录》，为说明撰录缘起，分类理由的总序及部类底总目。费长房底《开皇三宝录》，前十四卷为各类书目，末一卷惟录上书表序及各部底总目。由此二种，尚可推想《七略》中《辑略》底大概。所以《七略》虽以"七"名，实际上只分书籍为六大类，每类之中，又各分小类。《七略》虽亡，尚可见之《汉志》。兹撮为一表如下：

《七略》、《汉志》分类

（一）《六艺略》——（1）《易》，（2）《书》，（3）《诗》，（4）《礼》，（5）《乐》，（6）《春秋》（以上六类为"六艺"本书），（7）《论语》，（8）《孝经》（以上二类为"六艺"附庸），（9）小学（此类亦附录）。

（二）《诸子略》——（1）儒，（2）道，（3）阴阳，（4）法，（5）名，（6）墨，（7）纵横，（8）杂，（9）农（以上为"九流"），（10）小说（此类为"九流"附庸）。

（三）《诗赋略》——（1）屈原等赋，（2）陆贾等赋，（3）孙卿等赋，（4）杂赋（以上四类为"赋"），（5）歌诗（此类为"诗"）。

（四）《兵书略》——（1）兵权谋（此类兼"形势"，包"阴阳"，用"技巧"，为兵书之属于理论者），（2）兵形势，（3）兵阴阳，（4）兵技巧（此三[①]类为兵书之属于技术者）。

（五）《术数略》——（1）天文，（2）历谱，（3）五行，（4）蓍龟，（5）杂占，（6）形法。

（六）《方技略》——（1）医经（此类为医学书之属于理论者），（2）经方，（3）房中，（4）神仙。

共计六大类，三十八小类。《汉志》编次之法，先列书名，其例有五：（一）先书名，次篇数，次传述者，如"《易经》十二篇，施、孟、梁丘三家"。（二）先撰人，次书名，次篇数，如"刘向《五行传记》十一卷"。（三）仅举书名及篇数，不及撰人，如"《周书》七十一篇"。（四）即以撰人为书名，系篇数于其后，如"《太史公》百三十[②]篇"（诸子书都是此类）。（五）于撰人之后系以文体之名，盖亦无书名者，如"屈原赋二十五篇"。

每条书名之下，往往加以小注，亦有七例：（一）介绍撰人，如《易》类有"杨氏二篇"，注曰："名何，字叔元，菑川人。"（二）解释书名，如《易》类有"《古五子》十八篇"，注曰："自甲子至壬子，说《易》阴阳。"（三）说明来历，如《论语》类有

---

① 三　底本作"四"，据上文文意改。
② 百三十　底本作"百三十一"，据《汉书》改。

"《论语》古二十一篇"，注曰："出孔子壁中。"（四）记篇目多寡，如上条注又曰："两《子张》。""《齐》二十二篇"条注曰："多《问王》《知道》。"（五）注明亡佚，如《春秋》类有《夹氏传》十一卷，注曰："有录无书。"（六）补注撰人，如《春秋》类有"《楚汉春秋》九篇"，注曰："陆贾所记。"（七）标明伪托，如道家类有"《力牧》二十二篇"，注曰："六国时所作，托之力牧；力牧，黄帝相。"

《六艺略》每一小类中，先列"经"，次列"传""记""训诂""章句"之类。"经"有今古文之别者，先列古文，或曰"古文经"，如"《尚书古文经》四十六卷"；或曰"古经"，如"《礼古经》五十六卷"；或仅标一"古"字，如"《论语》古二十一篇"（盖惟六艺称"经"，《论语》是"记"非"经"）。次列今文，则但曰"经"不标"今文"二字，如《尚书》有"经二十九卷"。

同一小类中底书都以时代为次，《六艺略》各小类除首列"经"外亦是如此。每一小类录书名既毕，必总计家数篇数，如云"凡《易》十三家，二百九十四篇"；每一大类录书名既毕，必再总计家数篇数，如云"凡六艺一百三家，三千一百二十三篇"。最后，又总计六大类曰："大凡书六《略》，三十八种，五百九十六家，万三千二百六十九卷。"（就本书六《略》所著录者计之，则家数多八十一家，篇数少九百九十四篇。《七略》曰："书三十八种，六百三家，一万三千二百一十九卷"，见《广弘明集》。按班氏自注曰："入三家五十篇，省兵十家。"六百三家，少七家，恰为五百九十六家。篇数仍未合。）

班氏《汉志》以《七略》为蓝本，但亦有出入增省。《尚书》类，"入刘向《稽疑》一篇"；《礼》类，"入《司马法》一家，百五十五篇"；《乐》类，"出淮南、刘向等《颂》七篇"；《春秋》类，"省《太史公》四篇"；小学类，"入扬雄、杜林二家，三篇"；儒家类，"入扬雄一家，三十八篇"；杂家类，"出《蹴鞠》一家，二十五篇"（杂家自注，仅有"入兵法"三字。诸子总计条下自注曰："出《蹴鞠》一家，二十五篇。"故陶宪曾认为"入兵法"上脱"出蹴鞠"三字，今从之）；陆贾等赋一类，"入扬雄八篇"；兵权谋类，"省《伊尹》《太公》《管子》《孙卿子》《鹖冠子》《苏子》《蒯通》《陆贾》《淮南王》三百五十九种。出《司马法》，入《礼》"；兵技巧类，"省《墨子》，入《蹴鞠》"。颜师古曰："此凡言'入'者，谓《七略》之外，班氏新入之也。其云'出'者与此同。"扬雄显于王莽时，杜林显于光武时，都在刘向之后。故班氏新增入的，实际上只有刘向、扬雄、杜林三家之书。其出于此，入于彼者（如《司马法》《蹴鞠》），是改变《七略》所分隶之类。《兵书略》所省特多者，因为《伊尹》《太公》《管子》《孙卿子》《鹖冠子》《苏子》《蒯通》《陆贾》《淮南王》《墨子》，这十种书已见于《诸子略》中，故省除重复。《乐》类所出淮南、刘向等《颂》，疑亦与赋类相重复。《春秋》类省《太史公》四篇，疑亦如此(赋类有司马迁赋八篇),省此四篇,《春秋》类中便仅存百三十篇的《史记》了。——《七略》《汉志》底分类编次,大概如此。

汉代经术最盛,尊经之风,亦始于汉。六艺特列为一类,以此。《论语》《孝经》,虽不在六艺之列,但《论语》记孔子之言行,《孝经》亦托于孔子,故附于六艺。《尔雅》集录汉代经师训诂之说,故亦附于六艺。小学一类之书,大都为教学童识字者,而其性质亦与训诂为近,故亦附之。惟《孝经·弟子职》似可与《论语》合为一类,《尔雅》《小尔雅》《古今字》,似当入小学类,《五经杂议》为诸经通论,亦宜与《尔雅》同科。分类错杂,并未调整。此其缺点一。

《诸子略》有"阴阳"一类,《兵书略》又有"阴阳"一类。类名雷同,并不设法避免。此其缺点二。

阴阳家底"敬顺昊天,历象日月星辰,敬授民时",与《术数略》之"天文""历谱"无异;其"牵于禁忌,泥于小数,舍人事而任鬼神",与《术数略》底"五行""蓍龟""杂占"无异。虽曰一论虚理,一记实艺,不能不分,但同为一种学术而剖分远隔,并不加以说明。此其缺点三。

《国语》《国策》《楚汉春秋》《太史公》《汉大年纪》等附于《六艺略》春秋类;《帝王诸侯世谱》《古来帝王年谱》等附于《术数略》历谱类。因为那时史书尚少,故不独立为一类。《诗赋略》

底"歌诗",明明和《诗》相同,却又不附于《六艺略》底《诗》类。其他小类也有只六七家百余卷者,却亦独立。且《帝王诸侯世谱》《古来帝王年谱》,与历谱类其他各书性质迥异。分合不一,自相矛盾。此其缺点四。

章学诚谓:"理有互通、书有两用者,未尝不兼收并载,初不以重复为嫌。……如避重复而不载,则一书本有两用而仅登一录,于本书之体既有所不全,一家本有是书而缺而不载,于一家之学亦有所不备。"故《七略·诸子略》录《孙卿》《陆贾》于儒家,《伊尹》《太公》《管子》《鹖冠子》于道家,《苏子》《蒯通》于纵横家,《淮南王》于杂家,而此九书又见于《兵书略》之兵权谋家;录《墨子》于墨家,而又见于兵技巧家;这是所谓"互著"(《校雠通义》有《互著》篇)。《汉志》乃省去《兵书略》中此十家之书。遂使两类互著之法,从此泯灭。此其缺点五。

"汉兴,萧何次律令,张苍为章程,叔孙通定礼仪",见《史记》自序,而此三种书独不见于《七略》。武帝时,军政杨仆纪奏《兵录》;成、哀时,刘向撰集《别录》,刘歆编次《七略》,均见《汉志》,而此三种书独不见于《汉志》。班氏撰《汉志》在东汉时,不必能见西京藏书之全部,则萧何、张苍、叔孙通、杨仆所撰次者,当是《七略》漏收;惟《别录》《七略》,则班氏方据之以撰《汉志》,何以遗之?此其缺点六。

至于《弟子职》明列小学类,而今在《管子》中,疑是本属单行，后来羼入。《孔子三朝记》明列《论语》类，而《大戴礼》又有之，显是本亦单行，戴德辑录。此犹《大戴记》已收《夏小正》，而其书单行，故《文献通考》又录《夏小正》于时令类。此固不得谓为《汉志》底缺点，但章学诚氏以为是"裁其篇章"，"列出门类"，"以辨著述源流"，特作《别裁篇》以扬之，则又尊奉刘、班太过了。

赋分为四，"杂赋"与前三类不同，观其所录篇名，即可恍然。屈、孙、陆三家之赋所以分作三小类者，因屈原赋以言情为主，孙卿赋以效物为主，陆贾赋以议论为主，作法不同之故。而《小序》一则曰："大儒孙卿及楚臣屈原罹谗忧国，皆作赋以风，咸有恻隐古诗之义。"再则曰："其后宋玉、唐勒，汉兴，枚乘、司马相如，下及扬子云，竞为侈丽闳衍之词，没其风谕之义。"似乎说屈、孙为一派，宋玉至扬雄又为一派，与目录分屈、孙之赋为二类，独入扬雄赋于陆贾赋底一类，又自矛盾。其实，《小序》是叙述赋底作风底变迁，不是说明赋分四类底理由。

又如步兵校尉任宏校兵书，太史令尹咸校数术，侍医李柱国校方技，各以专家专任，故各分其书为一类，则《七略》之分六大类，又有因事实而区分者。——总之，刘、班之业，前无古人，"创始者难为功"，不当吹求其疵。但如章氏底崇奉太过，则又大可不必。

晋秘书监荀勖因魏秘书郎郑默《中经》，"更著《新簿》，分为四部，总括群书：一曰甲部，纪六艺及小学等书；二曰乙部，有古诸子家、近世子家、兵书、兵家、术数（兵书、兵家并列疑有误）；三曰丙部，有史纪、旧事、皇览簿、杂事；四曰丁部，有诗赋、图赞、汲冢书"（见《隋志》。疑汲冢书出于编目既定之后故附此）。甲部同《六艺略》，乙部则合《诸子》《兵书》《术数》三略，丙部则把《六艺略》春秋类所附的史书分出，丁部则于《诗赋略》外，又加"图赞"及"汲冢书"。其不标部类之名，而仅曰甲乙丙丁，实与ABCD仅为号码一般。《广弘明集》引《古今书最》曰："《晋中经簿》四部书一千八百八十五部，二万九百三十五卷。其中十六卷，佛经书簿少二卷，不详所载多少。"（按《七录序》谓"《新簿》虽分为十有余卷，而总以四部别之"，似"其中"二字当移"佛经书簿"之上。）是荀勖底《新簿》，于四部之外，录有佛经，另为一部，实际上有"五部"了。东晋著作郎李充"因荀勖旧簿四部之法，而换其乙丙之书，没略众篇之名，总以甲乙为次"（见《七录序》）。李充底分类，确只四部，可注意之点有二：（一）把乙丙二部之书互换，则史书一类居前，子书居后，后世"经、史、子、集"四部之序，由此而定；（二）删除小类，仅存四部，为最简陋的分类。南朝宋元嘉《秘阁四部目录》，另列佛经；梁《文德殿四部目录》，因术数之书为祖暅所撰（《四部目录》为刘孝标所撰），故另有术数书目录。这两种，实际上也都是分为五大类的。

任昉《王文宪集序》称王俭"采公会（荀勖字）之《中经》，刊宏度（李充字）之四部，依刘歆之《七略》，更撰《七志》"。其分类见于《隋志》："一曰《经典志》，纪六艺、小学、史记、杂传；二曰《诸子志》，纪古今诸子；三曰《文翰志》，纪诗赋；四曰《军书志》，纪兵书；五曰《阴阳志》，纪阴阳图纬；六曰《术艺志》，纪方技；七曰《图谱志》，记地域及图书；其道、佛附见，合九条。而又作《九篇条例》，编字首卷之中。"《七志》已亡，其分类得失，即可于此考之。"经""史"二类，仍合为一类，是其所短；图谱特立一志，道、佛附著二录，是其所长。此志虽以"七"名，实有九类，此与《七略》名"七"，实只六类，适得其反。

阮孝绪底《七录》亦亡，而其序尚存，其所分部类，亦尚可于《广弘明集》中见之。

七 录

内篇：

（一）《经典录》——（1）《易》部，（2）《尚书》部，（3）《诗》部，（4）《礼》部，（5）《乐》部，（6）《春秋》部，（7）《论语》部，（8）《孝经》部，（9）小学部。

（二）《纪传录》——（1）国史部，（2）注历部，（3）旧事部，（4）职官部，（5）仪典部，（6）法制部，（7）伪史部，（8）

杂传部,(9)鬼神部,(10)土地部,(11)谱状部,(12)传录部。

(三)《子兵录》——(1)儒部,(2)道部,(3)阴阳部,(4)法部,(5)名部,(6)墨部,(7)纵横部,(8)杂部,(9)农部,(10)小说部,(11)兵家部。

(四)《文集录》——(1)《楚辞》部,(2)别集部,(3)总集部,(4)杂文部。

(五)《术技录》——(1)天文部,(2)谶纬部,(3)历算部,(4)五行部,(5)卜筮部,(6)杂占部,(7)形法部,(8)医经部,(9)经方部,(10)杂艺部。

外篇:

(六)《佛法录》——(1)戒律部,(2)禅定部,(3)智慧部,(4)疑似部,(5)论记部。

(七)《仙道录》——(1)经戒部,(2)服饵部,(3)房中部,(4)符图部。

《七录》序曰:"今所撰《七录》,斟酌刘(歆)、王(俭)。王以'六艺'之称,不足标榜经目,改为'经典',今则从之。故序《经典录》为内篇第一。刘、王并以众史合于《春秋》。刘氏之世,史书甚寡,附见《春秋》,诚得其例。今众家纪传倍于经典,犹从此志,实为繁芜。且《七略·诗赋》不从《六艺·诗部》,盖由其书既多，所以别为一略。今依拟斯例，分出众史。序《纪传录》为内篇第二。'诸子'之称，刘、王并同。又刘有《兵书略》。王以'兵'字浅薄，'军'言深广，故改'兵'为'军'。窃谓古有'兵革''兵戎''治兵''用兵'之言，斯则武事之总名也，所以还改'军'从'兵'。兵书既少，不足别录，今附于'子'末，总以'子兵'为称。故序《子兵录》为内篇第三。王以'诗赋'之名，不兼余制，故改为'文翰'，窃以顷世文词总谓之'集'变，'翰'为'集'，于名尤显。故序《文集录》为内篇第四。王以'数术'之称，有繁杂之嫌，故改为'阴阳'；'方技'之言，事无典据，又改为'术艺'。窃以'阴阳'偏有所系，不如'数术'之该通；'术艺'则滥'六艺'与'数术'，不逮'方技'之要显；故还依刘氏，各守本名。但'房中''神仙'，既入《仙道》；'医经''经方'，不足别创。故合"术技"之称，以名一录，为内篇第五。王氏《图谱》一志，刘《略》所无；刘《数术》中虽有'历谱'，而与今谱有异。窃以图画之篇，宜从所图为部，故随其名题，各附本录；谱既注记之类，宜与史体相参，故载于纪传之末。自斯已上，皆内篇也。释氏之教，实被中土，讲说讽味，方轨孔籍。王氏虽载于篇，而不在志限，即理求事，未是所安。故序《佛法录》为外篇第一。仙道之书，由来尚矣。刘氏'神仙'陈于《方技》之末，王氏道经书于《七志》之外。今合序《仙道录》为外篇第二。王则先道而后佛，今则先佛而后道，盖所宗不同，亦由其教有浅深也。"此序自述分类定名之理由，颇为详尽。

阮氏所分大类凡七，而《佛法》《仙道》二录，称为"外篇"，且系后来增入，其"内篇"所分，实仅五类，恰与梁《文德殿目录》相同。《经典录》等于《七略》底《六艺略》，所分小类，亦和《七略》完全相同。《纪传录》分史书为一大类，较《七志》为优。《子兵录》除末附兵书外，前列十部，也和《七略》全同。变《诗赋略》为《文集录》，上承《七志》底《文翰志》，因为东汉以后文集已多，也是事势所趋。其小类也完全改过，开后来《隋志》底先河。《术技部》是并《术数》《方技》二略而成的。其小类名称，"天文""五行""杂占""形法"五种，仍《汉志》之旧；"历算"就是"历谱"，"卜筮"就是"蓍龟"；新增的只有"谶纬"一种。《方技》底"房中""神仙"二种，改入《仙道录》，"医经""医方"二部仍旧，新增的只有"杂艺"一种。其特立《佛法》《仙道》二录，因为此时所译佛经，所撰道经，已经很多，是时代潮流使然，其先佛后道者，殆亦因当时梁武帝特别崇信佛教之故，但他认为佛教深，道教浅，倒也是不易之论。《七录》内篇仅分五类，故《隋志》摒《佛经》《道经》于志外，改《纪传录》之名曰"史部"，合"子兵""术技"为"子部"，于是"经""史""子""集"四部并列，遂成正统派书籍分类底不祧之祖。所以阮氏《七录》，在我国目录学底分类方法沿革中，实在是一个承先启后底关键。

第九章

分类编目下

上章所述分类方法，以《七略》之六类三十八种，《七录》之七类四十六部为主。《隋志》删合《七录》为四部四十种，自此之后，官私目录，大多沿用，此种分类法，遂为我国目录学史上的正统。官家目录，如历代史志以至清代底《四库全书》，私家目录，如晁公武底《郡斋读书志》、尤袤底《遂初堂书目》、陈振孙底《直斋书录解题》、马端临底《文献通考·经籍志》、《明志》蓝本的黄虞稷底《千顷堂书目》，虽略有出入，莫不奉为圭臬。今以《隋志》、尤《目》、马《志》、《明志》、清《四库》代表唐、宋、元、明、清五代官私目录，比较其四部之分类如左：

一曰经部——《隋志》所分小类，为（1）《易》，（2）《书》，（3）《诗》，（4）《礼》，（5）《乐》，（6）《春秋》，（7）《孝经》，（8）《论语》（附《尔雅》及五经总义），（9）谶纬，（10）小学。除把

《术技①录》底谶纬部提入经部之外,全同《七录》之《经典录》。尤《目》底经部,与《隋志》异者:(1)首列"经总类",以录合刻九经及善本各经;(2)《孝经》《孟子》附于《论语》类;(3)"小学类"又分"文字""声韵";(4)不录谶纬;(5)增"仪注类";其余均同。马《志》底经部,增《孟子》一类,"经解"一类,"仪法"一类,"谥法"一类,其余十类,仍同《隋志》。清《四库目》亦为十类,亦不录"谶纬",除改"诸经类"为"五经总义类"外,全同马《志》;所不同者,惟礼类又分(1)《周礼》,(2)《仪礼》,(3)《礼记》,(4)三《礼》通义,(5)通礼,(6)杂礼书六子目;小学类又分(1)训诂,(2)字书,(3)韵书三子目,与改《论语》《孟子》为《四书》类而已。

二曰史部——《隋志》所分小类,为(1)正史,(2)古史,(3)杂史,(4)霸史,(5)起居注,(6)旧史,(7)职官,(8)仪注,(9)刑法,(10)杂传(鬼神附),(11)地理,(12)谱系,(13)簿录。与《七录》比较,"旧事""职官",名类皆同;"正史"即"国史","古史"即"注历","仪注"即"仪典","刑法"即"法制","霸史"即"伪史","地理"即"土地",类同而名仅小异。惟附"鬼神"于"杂传"之中,增"杂史"及"起居注"二类而已。尤《目》"正史""职官""仪注""刑法""杂传""地

---

① 术技 底本作"技术",据上文改。

理""杂史"七种,与《隋志》名类全同,惟"杂传"分立"本朝杂传","杂史"分立"本朝杂史","古史"改称"编年","旧事"改称"故事"(分立"本朝故事"),"霸史"改称"伪史","谱系"改称"姓氏","簿录"改称"目录","起居注"改称"实录",亦是类同名异。小类虽较《隋志》多五种,实际上完全新增者,仅"国史""史学"二类而已。马《志》与尤《目》异者:(1)"仪注"改隶经部;(2)"伪史"改称"伪史霸史","杂传"改称"传记","姓氏"改称"谱牒","实录"改称"起居注","史学"改称"史评史钞";(3)尤《目》分列之"本朝杂传""本朝杂史""本朝故事",不复分列;(4)增"时令"一类;(5)减"国史"一类。清《四库目》,"正史"、"编年"、"职官"(但分"官制""官箴"二子目)、"传记"(但分"圣贤""名人""总录""杂录""别录"五子目)、"时令"、"地理"(但分"都会郡县""河渠""边防""山川""总志""古迹""杂记""游记""外记"九子目)、"目录"、"杂史"八类,全与马《志》同。不同者,(1)"伪史霸史"改称"载记","史评史钞",分作二类;(2)增"纪事本末"、"别史"、"诏令奏议"(又分二子目)三类;(3)少"故事""谱牒"二类;(4)设"政书"类,分"通制""典礼""邦计""军政""法令""考工"六子目,马《志》底"仪注""刑法"二类,都包括在里面。

三曰子部——《隋志》所分小类,为(1)儒,(2)道,(3)法,(4)名,(5)墨,(6)纵横,(7)杂,(8)农,(9)小说,

（10）兵,（11）天文,（12）历数,（13）五行,（14）医方。前十种,与《七录》底《子兵录》同,惟删去"阴阳";后四种,即《七录》底《术技录》,惟并"卜筮""杂占""形法"三类于"五行",合"医经""经方"二类为"医方"。尤《目》子部：（1）去"法""名""墨""纵横"四家;（2）以"数学"类括关于"数术"的书,而又分"天文""历议""阴阳""五行""卜筮""形势"六子目;（3）"医方"改名"医书";（4）增"释家""杂艺""类书""谱录"四类;其余仍同《隋志》。马《志》子书、兵书部分,全同《隋志》;数术部分多"卜筮""形法"二类,"历数"改称"历算";"医方"亦改称"医家";其他除多"神仙",少"谱录"外,均同尤《目》。清《四库目》,"子兵"部分较尤《目》多一"法家",惟"杂家"分"杂学""杂考""杂说""杂品""杂纂""杂编"六子目,"小说家"分"杂事""异闻""琐记"三子目;"数术"部分,"天文算法"分立一类,又分"推步""算书"二子目,"数术"为一类,分"数学""占候""阴阳五行""占卜""杂技术""相宅相墓""命书相书"七子目;其他均同尤《目》,惟"艺术"类分"琴谱""书画""篆刻""杂技"四子目,"谱录"类分"器用""食谱""草木""鸟兽虫鱼"四子目而已。

四曰集部——《隋志》所分小类,为（1）《楚辞》,（2）别集,（3）总集;较《七录》之《文集录》少"杂文"一类。尤《目》较《隋志》少《楚辞》一类,多"乐曲""文史""章奏"三类。

马《志》"乐曲"改称"歌词",较尤《目》多"赋诗"一类。清《四库目》所分类数全同马《志》,惟"歌词"改称"词曲",又分"词集""词选""词话""词谱""词韵""南北曲"六子目,"赋诗"改称"《楚辞》","文史"改称"诗文评"而已。

综括上文所述,四部中所分小类,亦小异而大同。四部之称,固始于《隋志》,但经部实即《七略》之《六艺略》,《七录》之《经典录》;史部则《七录》已自《六艺略》春秋类取所附之史书独立为《纪传录》了;《七略》之《诸子略》与《兵书略》,《七录》已合并为《子兵录》,《术数略》与《方技略》,已合并为《术技录》,《隋志》乃又并为子部;《七略》之《诗赋略》,《七录》已加入散文而为《文集录》,《隋志》承之,乃为集部。故《隋志》以后之四部,系由《七录》变成。《七录》底《佛法录》,《隋志》为《佛经部》,又分"经""律""论"三小类;《仙道录》,《隋志》为《道经部》,又分"经戒""服饵""符箓""房中"四小类,则都在四部以外了。

《隋志》之缺点甚多,随手摭拾,即有七端:(一)谶纬"文辞浅俗,颠倒舛谬,不类圣人之旨",已自言之,乃仍列之经部;(二)《乐经》已亡,乃录魏晋以后之书以补其阙;(三)史书专纪人事,而"杂传"中多鬼怪神仙之记;(四)"正史""古史"既以纪传编年体裁不同而分,而"杂史"中又纪传、编年、实录、纪事本末,乃至传记、笔记、史钞,各体都备,故其分类底标准并不一律；（五）论哲理之诸子，与记实用之技艺，谈迷信之术数，拾异闻之小说同属子部；（六）诸子"杂家"一类，本已不妥，今则甚至佛家目录、杂书、类书，概纳其中；（七）集部，《楚辞》本亦总集，而独立为一类，《女诫》非集，亦收入"总集"之中，而后来正统派的目录，亦罕能矫正。故《隋志》后我国目录学正统派底分类法，实在并不高明。

郑樵《校雠略》中，有《编次必谨类例论》，首明类例之要，尝曰："类书（把书籍分类）犹治军也，若有条理，虽多而治；若无条理，虽寡而纷。类例不患其多也，患处多之无术耳。"故其《艺文略》分为十二大类，一百五十五小类，二百八十四子目。又说："《七略》所分自为苟简，四库所部毋乃荒唐。"其《见名不见书论》《编次之讹论》，并指摘《隋志》以后各种目录分类之误。现在把《艺文略》所分之类目，摘录如左：

艺文略[①]

一　经类

（一）《易》——（1）古《易》，（2）石经，（3）章句，（4）传，（5）注，（6）集注，（7）义疏，（8）论说，（9）类例，（10）谱，（11）考正，（12）数，（13）图，（14）音，（15）谶纬，

---

① 按，下文与王树民先生点校《通志二十略》（中华书局1995年版）之《艺文略》类目分析略有出入。

（16）拟目。

（二）《书》——（1）古文经，（2）石经，（3）章句，（4）传，（5）注，（6）集注，（7）义疏，（8）问难，（9）义训，（10）小学，（11）逸篇，（12）图，（13）音，（14）续书，（15）谶纬，（16）逸书。

（三）《诗》——（1）石经，（2）故训，（3）传，（4）注，（5）义疏，（6）问辨，（7）统说，（8）谱，（9）名物，（10）图，（11）音，（12）纬学。

（四）《春秋》——（1）经，（2）五家传注，（3）三《传》义疏，（4）传论，（5）序，（6）条例，（7）图，（8）文辞，（9）地理，（10）世谱，（11）卦辞，（12）音，（13）谶纬。

（五）《春秋外传》（《国语》）——（1）注解，（2）章句，（3）非驳，（4）音。

（六）《孝经》——（1）古文，（2）注解，（3）义疏，（4）音，（5）广义，（6）谶纬。

（七）《论语》——（1）古文，（2）正经，（3）注解，（4）章句，（5）义疏，（6）论难，（7）辨正，（8）名氏，（9）音释，（10）谶纬，（11）续语。

（八）《尔雅》——（1）注解，（2）图，（3）义，（4）音，（5）《广雅》，（6）杂《尔雅》，（7）《释言》，（8）《释名》，（9）方言。

（九）经解——（1）经解，（2）《谥法》。

二　礼类

（一）《周官》——（1）传注，（2）义疏，（3）论难，（4）义类，（5）音，（6）图。

（二）《仪礼》——（1）石经，（2）注，（3）疏，（4）音。

（三）丧服——（1）传注，（2）集注，（3）义疏，（4）记要，（5）问难，（6）仪注，（7）谱，（8）图，（9）五服图仪。

（四）《礼记》——（1）《大戴》，（2）《小戴》，（3）义疏，（4）书钞，（5）评论，（6）名数，（7）音义，（8）《中庸》，（9）谶纬。

（五）《月令》——（1）古月令，（2）续月令，（3）时令，（4）岁时。

（六）会礼——（1）论钞，（2）问难，（3）三《礼》，（4）礼图。

（七）仪注——（1）礼义，（2）吉礼，（3）宾礼，（4）军礼，（5）嘉礼，（6）封禅，（7）汾阴，（8）诸祀仪注，（9）陵庙制，（10）家礼祭仪，（11）东宫仪注，（12）后仪，（13）王国州县仪注，（14）会朝仪，（15）耕籍仪，（16）车服，（17）书仪，（18）国玺。

三　乐类

（1）乐书，（2）歌辞，（3）题解，（4）曲簿，（5）声调，

(6)钟磬,(7)管弦,(8)舞,(9)鼓吹,(10)琴,(11)谶纬。

四 小学类

(1)小学,(2)文字,(3)音韵,(4)音释,(5)古文,(6)法书,(7)蕃书,(8)神书。

五 史类

(一)正史——(1)史记,(2)汉,(3)后汉,(4)三国,(5)晋,(6)宋、齐、梁、陈,(7)后魏、北齐、北周、隋,(8)唐,(9)通史。

(二)编年——(1)古史,(2)两汉,(3)魏、吴,(4)晋,(5)宋,(6)齐,(7)梁,(8)陈,(9)后魏,(10)北齐,(11)隋,(12)唐,(13)五代,(14)运历,(15)纪录。

(三)霸史

(四)杂史——(1)古杂史,(2)两汉,(3)魏,(4)晋,(5)南北朝,(6)隋,(7)唐,(8)五代,(9)本朝。

(五)起居注——(1)起居注,(2)实录,(3)会要。

(六)故事

(七)职官

(八)刑法——(1)律,(2)令,(3)格,(4)式,(5)敕,(6)总类,(7)古制,(8)专条,(9)贡举,(10)断狱,(11)法守。

（九）传记——（1）耆旧，（2）高隐，（3）孝友，（4）忠烈，（5）名士，（6）交游，（7）列传，（8）家传，（9）列女，（10）科第，（11）名号，（12）冥异，（13）祥异。

（十）地理——（1）地理，（2）都城、宫苑，（3）郡邑，（4）图经，（5）方物，（6）川渎，（7）名山洞府，（8）朝聘，（9）行役，（10）蛮夷。

（十一）谱系——（1）帝系，（2）皇族，（3）总谱，（4）韵谱，（5）郡谱，（6）家谱。

（十二）食货——（1）货，（2）宝，（3）器用，（4）豢养，（5）种艺，（6）茶酒。

（十三）目录——（1）总目，（2）家藏总目，（3）文章目，（4）经史目。

六　诸子类

（一）儒术

（二）通家——（1）《老子》，（2）《庄子》，（3）诸子，（4）《阴符经》，（5）《黄庭经》，（6）《参同契》，（7）目录，（8）传，（9）记，（10）论，（11）书，（12）经，（13）科仪，（14）符箓，（15）吐纳，（16）胎息，（17）内视，（18）道引，（19）辟谷，（20）内丹，（21）外丹，（22）金石药，（23）服饵，（24）房中，（25）修养。

（三）释家——（1）传记，（2）塔寺，（3）论议，（4）诠述,(5)章钞,(6)仪律,(7)目录,(8)音义,(9)颂赞,(10)语录。

(四)法家

(五)名家

(六)墨家

(七)纵横家

(八)杂家

(九)农家

(十)小说家

(十一)兵家——(1)兵书,(2)军律,(3)营阵,(4)兵阴阳,(5)边策。

七 天文类

(一)天文——(1)天象,(2)天文总占,(3)竺国天文,(4)五星占,(5)杂星占,(6)日月占,(7)风雳气候占,(8)宝气。

(二)历数——(1)正历,(2)历术,(3)七曜历,(4)杂星历,(5)刻漏。

(三)算术——(1)竺国,(2)算法。

八 五行类

(1)《易》占,(2)轨革,(3)筮占,(4)龟卜,(5)射覆,(6)占梦,(7)杂占,(8)风角,(9)鸟情,(10)逆刺,

（11）遁甲，（12）太一，（13）九宫，（14）六壬，（15）式经，（16）阴阳，（17）元辰，（18）三命，（19）行年，（20）相法，（21）相笏，（22）相印，（23）相字，（24）堪余，（25）《易》图，（26）婚嫁，（27）产乳，（28）登坛，（29）宅经，（30）葬书。

九　艺术类

（1）射，（2）骑，（3）画录，（4）画图，（5）投壶，（6）弈棋，（7）博塞，（8）象经，（9）撝蒱，（10）弹棋，（11）打马，（12）双陆，（13）打毬，（14）彩选，（15）叶子格，（16）杂戏格。

十　医方类

（1）脉经，（2）明堂，（3）针灸，（4）《本草》，（5）《本草音》，（6）《本草图》，（7）《本草用药》，（8）采药，（9）炮炙，（10）方书，（11）单方，（12）胡方，（13）寒食散，（14）病源，（15）五脏，（16）伤寒，（17）脚气，（18）岭南方，（19）杂病，（20）疮肿，（21）眼药，（22）口齿，（23）妇人，（24）小儿，（25）食经，（26）香熏粉泽。

十一　类书类

十二　文类

（1）《楚辞》，（2）别集，（3）总集，（4）诗总集，（5）赋，（6）赞颂，（7）箴铭，（8）碑碣，（9）制诰，（10）表章，（11）

启事,(12)四六,(13)军书,(14)案判,(15)刀笔,(16)俳谐,(17)奏议,(18)论,(19)策,(20)书,(21)文史,(22)诗评。

郑氏把向列"经部"底"礼""乐""小学"提出,各各独立;把"数术""方技"从"子部"提出,分作"天文""五行""艺术""医方"五类,故有十二大类,可谓能脱经、史、子、集四部底窠臼。至其所分小类,亦颇详尽。惟或有子目,或无子目,嫌不一律;而所分子目亦太琐碎,且有舛误。郑氏又有《群书会纪》一种,即《艺文略》底单行本。后其族孙郑寅,分所藏之书有七录:(1)经,(2)史,(3)子,(4)艺,(5)方技,(6)文,(7)类书,盖亦祖述郑氏,特仍并"礼""乐""小学"于"经",合"天文""医方"为"方技"而已。郑氏《通志》中尚有一《图谱略》,以记图谱,分二十六类:(1)地理,(2)会要,(3)纪运,(4)百官,(5)《易》,(6)《诗》,(7)《礼》,(8)乐,(9)《春秋》,(10)《孝经》,(11)《论语》,(12)经学,(13)小学,(14)刑法,(15)天文,(16)时令,(17)算数,(18)阴阳,(19)道家,(20)释氏,(21)符瑞,(22)兵家,(23)艺术,(24)食货,(25)医药,(26)世系。重视图画表谱,可谓独具只眼,前无古人。其言曰:"图,经也;书,纬也;一经一纬,相错而成文章。图,植物也;书,动物也,相须而成变法。见书不见图,闻其声不见其形,见图不见书，见其人不闻其语。图，至约也；书，至博也；即图而求易，即书而求难。"并言古之学者，"索象于图，索理于书，故人亦易为学，学亦易为功"。"后之学者，离图即书，尚辞务说，故人亦难为学，学亦难为功。虽平日胸中有千章万卷，及置之行事之间。则茫茫然不知所向。"故谓萧何入咸阳，先收秦之图籍，图籍既存，则文物指掌可见；萧何乃得定律令，韩信乃得申军法，张苍乃得定章程，叔孙通乃得制朝仪，皆按图之效。向、歆《七略》只收书，不收图，惟任宏所校兵书有图四十三种。王俭《七志》，专立一志以收图谱。而阮孝绪复散图以归部录，杂谱以归记注，但独有总计，内篇有图七百七十卷，外篇有图百卷，谱则无所见矣云云。又言后人学术之难及者，一曰义理之学，二曰辞章之学。辞章虽富，如朝霞晚照，徒耀人目；义理虽深，如空谷寻声，靡所底止，是皆从事于语言文字之末而非实学。因图谱之学不传，则实学尽化为虚文，故学术不及三代，且不及汉。可谓切中宋明以来学者之病。又举晋张华、唐武平一二人为例，谓张华曾见汉宫室图，故能洞悉汉代宫室；武平一曾见《春秋世族谱》，故能详知春秋氏族世系。又言非图无以见天之象、地之形；非图无以作室，无以制器；非图无以明章程，无以明制度；为坛域者，非图无以辨其大小高深之形；为都邑者，非图无以纪其内外轻重之势；为城筑者，非图无以明关塞；为田里者，非图无以别经界；为会计者，非图无以知本末；定法制爵禄者，非图无以举其目与序；通古今者，非图无以通三统五运之要；别名物者，非图无以别虫鱼草木之状；明音韵者，非图无以明音韵子母之凡。故"为学者而不知此，则章句无所用；为治者而不知此，则纪纲文物无所施"。其议论可谓精辟极了。故述之较详，以为反正统派的分类法之代表。

明代官家目录，如杨士奇等底《文渊阁书目》、孙能传等底《内阁书目》。私家目录，如陆深底《江东藏书目》、孙楼底《博雅堂书目》、陈第底《世善堂书目》、茅元仪底《九学十部目》，都有反正统派的色彩。清初，如钱曾底《读书敏求记》《述古堂书目》《也是园书目》，王闻远底《孝慈堂书目》等，也都能不落四部窠臼。及清高宗开馆编《四库全书》，并有"从来四库书目以经史子集为纲领，裒辑分储，实为古今不易之法"之谕。即素谓"《七略》能以部次治书籍，而四部不能不以书籍乱部次"（见《和州志·艺文书序》），主张去"史""集"，存"经""子"，废四部，返《七略》的章学诚，也慑于帝王之威，而改为调停之说，谓"《七略》之流而为四部为势之所不容已"了（见《校雠通义》）。但在《四库全书总目》已颁，风行草偃之时，孙星衍底《祠堂书目》独分（1）经学，（2）小学，（3）诸子，（4）天文，（5）地理，（6）医律，（7）史学，（8）金石，（9）类书，（10）词赋，（11）书画，（12）说部，虽误合性质大异的医与律为一类，而敢于违抗《四库书目》，不得不认为反正统派的后劲。

其就四部略加以修正者，可以明祁承㸁底《澹生堂藏书目》、清张之洞底《书目答问》为代表。祁氏底分类为：(1)《易》类（子目十），(2)《书》类（子目五），(3)《诗》类（子目五），(4)《春秋》类（子目八），(5)《礼》类（子目八），(6)《孝经》类（子目三），(7)《论语》类（子目五），(8)《孟子》类（子目三），(9)经解总类（子目四），(10)理学类（子目六），(11)小学类（子目六），(12)国朝史类（子目十二），(13)正史类（不分子目），(14)编年史类（子目四），(15)通史类（子目二），(16)约史类（不分子目），(17)史钞类（子目二），(18)史评类（子目三），(19)霸史类（子目二），(20)杂史类（子目三），(21)记传类（子目九），(22)典故类（子目二），(23)礼乐类（子目四），(24)政实类（子目五），(25)图志类（子目十一），(26)谱录类（子目七），(27)儒家类（不分子目），(28)诸子类（子目五），(29)小说家类（子目八），(30)农家类（子目五），(31)道家类（子目十一），(32)释家类（子目十八），(33)兵家类（子目二），(34)天文家类（子目二），(35)五行家类（子目四），(36)医家类（子目九），(37)艺术家类（子目七），(38)类家类（子目三），(39)丛书类（子目六），(40)诏制类（子目二），(41)章疏类（子目四），(42)辞赋类（子目二），(43)总集类（子目七），(44)余集类（子目三），(45)别集类（子目八），(46)诗文评类（子目五）。他底《庚申整书略例》自述分类之要点有四。一曰"因",因四部之定例。故祁氏书目,虽未以四部为纲,而隐约中仍遵守四部。〔所分各类,(1)至(9)及(11)属"经",(12)至(26)属"史",(27)至(37)属"子",(40)至(46)属"集"。〕二曰"益",所增益者凡:(1)约史,(2)理学,(3)经筵(经解总类子目之一),(4)代言(诏制类子目),(5)丛书,(6)余集。三曰"通",流通于四部之内,即章学诚所谓"别裁"之法(如欧阳修《易童子问》、王安石《卦名解》、曾巩《洪范传》,当初有别本,今仅见文集中,仍摘其目,列之本类)。四曰"互",互见于四部之中,即章学诚所谓"互著"之法(如《焦氏易林》互见于《易》类及五行家类)。独立"丛书"一类,不以杂家统括无类可归之书,均为祁氏之创见。子目底分配,亦甚详慎,似较郑樵更上一层。张之洞底《书目答问》,于四部之外,增"丛书""别录"二类(前者系承祁氏,后者收各种初学读本之书目);词曲散入"总集""别集"中,总集又分"文选""文""诗""词",别集复分时代,于清人别集又分理学家、考订家、古文家、骈文家、诗家、词家各子目;"天文算法"中兼采西法;经部分"正经正注""列朝经注经说经本考证""小学"三类,把后儒关于经学的专著另分为一类,皆其特色。此书之能风行一时,虽曰由于张氏政治上的地位,其本身也自有可取者在。

现在新书输入很多,新的图书分类法也已输入,且已采用了。旧的分类法,当然已不能完全适用。但把西洋底分类法,囫囵吞枣地应用于我国，勉强把旧有的书籍一概塞进去，怕也不能完全适合的。我们对于外来的文化吸收之后还须加以消化，不但消化，还须使与我国底文化同化而成一新的文化，图书分类法，也是如此。

附论

目录与学术史

图书分类编目既定，校雠目录学底工作已完。章学诚《校雠通义》叙曰："校雠之义，盖自刘向父子部次条别，将以辨章学术，考镜源流，非深明于道术精微，群言得失之故者，不足与此。"则又由校雠目录之学，进而为学术史底探讨了。章氏特著《宗刘》一篇于《校雠通义》中，于刘《略》、班《志》特致推崇。我们试就《汉志》加以检讨，看它们如何"辨章学术，考镜源流"。

《汉志》首列一段总叙，述秦代焚书，汉代求书校书底经过，次乃分述六略。此六略中，每一小类书目条例既定，总计家数篇数之后各有小序一段；每一略各小类完后，又总计此略之家数篇数，又有撮述此一略之序文；六略俱完，又总计种数（即小类数）部数及篇数。《汉志》组织，大致如此。章氏所谓辨学术，考源流者，即是指《汉志》中之序文而言。《六艺》《诸子》二略尤足以见学术之渊源。今录《六艺略》各类小序，以见一斑。

（一）《易》类小序：

> 《易》曰："宓戏氏仰观象于天，俯观法于地，观鸟兽之文与地之宜，近取诸身，远取诸物，于是始作八卦，以通神明之德，以类万物之情。"至于殷周之际，纣在上位，逆天暴物。文王以诸侯顺命而行道，天人之占可得而效，于是重《易》六爻，作上下篇。孔氏为之《彖》《象》《系辞》《文言》《序卦》之属十篇。故曰：《易》道深矣，人更三圣，世历三古。及秦燔书，而《易》为卜筮之事，传者不绝。汉兴，田何传之。讫于宣、元，有施、孟、梁丘、京氏列于学官，而民间有费、高二家之说。刘向以中古文《易》经校施、孟、梁丘经，或脱去"无咎""悔""亡"，惟费氏经与古文同。

（二）书类小序：

> 《易》曰："河出图，雒出书，圣人则之。"故《书》之所起远矣。至孔子纂焉，上断于尧，下讫于秦，凡百篇，而为之序，言其作意。秦燔书禁学，济南伏生独壁藏之。汉兴，亡失，求得二十九篇，以教齐鲁之间。讫孝宣世，有欧阳、大小夏侯氏，立于学官。《古文尚书》者，出孔子壁中。武

帝末，鲁共王坏孔子宅，欲以广其宫，而得《古文尚书》及《礼记》《论语》《孝经》凡数十篇，皆古文也。共王往入其宅，闻鼓琴瑟钟磬之音，于是惧，乃止不坏。孔安国者，孔子后也，悉得其书，以考二十九篇，得多十六篇。安国献之。遭巫蛊事，未列于学官。刘向以中古文校欧阳、大小夏侯经文，《酒诰》脱简一，《召诰》脱简二。率简二十五字者脱亦二十五字，简二十二字者脱亦二十二字，文字异者七百有余，脱字数十。《书》者，古之号令。号令于众，其言不立具，则听受施行者弗晓。古文读应《尔雅》，故解古今语而可知也。

(三)《诗》类小序：

《书》曰："诗言志，歌咏言。"故哀乐之心感，而歌咏之声发。诵其言，谓之诗；咏其声，谓之歌。故古有采诗之官，王者所以观风俗，知得失，自考正也。孔子纯取周诗，上采殷，下取鲁，凡三百五篇。遭秦而全者，以其讽诵，不独在竹帛故也。汉兴，鲁申公为《诗》训故，而齐辕固、燕韩生皆为之传。或取《春秋》，采杂说，咸非其本义。与不得已，鲁最为近之。三家皆列于学官。又有毛公之学，自谓子夏所传，而河间献王好之，未得立。

(四)《礼》类小序：

《易》曰："有夫妇父子君臣上下，然后礼义有所错。"而帝王质文，世所损益。至周，曲为之防，事为之制，故曰"礼经三百，威仪三千"。及周之衰，诸侯将逾法度，恶其害己，皆去其籍。自孔子时而不具，至秦大坏。汉兴，鲁高堂生传《士礼》十七篇。讫孝宣世，后仓最明，戴德、戴圣、庆普皆其弟子，三家皆立于学官。《礼》古经者出于鲁淹中及孔氏，与十七篇文相似，多三十九篇。及《明堂阴阳》《王史氏记》，所见天子诸侯卿大夫之制，虽不能备，犹愈仓等推《士礼》而致于天子之说。

(五)《乐》类小序：

《易》曰："先王作乐崇德，殷荐之上帝，以享祖考。"故自黄帝下至三代，乐各有名。孔子曰："安上治民，莫善于礼；移风易俗，莫善于乐。"二者相与并行。周衰俱坏。乐尤微眇，以音律为节……汉兴，制氏以雅乐声律，世在学官，颇能纪其铿锵鼓舞，而不能言其义。六国之名，魏文侯最为好古。孝文时，得其乐人窦公，献其书，乃《周官·大宗伯》之《大司乐》章也。武帝时，河间献王好儒，与毛生等共采

《周官》及诸子言乐事者，以作《乐记》，献《八佾》之舞，与制氏不相远。其内史丞王定传之，以授常山王禹。禹，成帝时为谒者，数言其义，献二十四卷记。刘向校书，得《乐记》二十三篇，与禹不同。其道寖以益微。

(六)《春秋》类小序：

古之王者世有史官，君举必书，所以慎言行，昭法式①也。左史记言，右史记事；事为《春秋》，言为《尚书》；帝王靡不同之。周室既微，载籍残缺。仲尼思存前圣之业，乃称曰："夏礼吾能言之，杞不足徵也；殷礼吾能言之，宋不足徵也。……足，则吾能徵之矣。"以鲁，周公之国，礼文备物，史官有法，故与左丘明观其史记，据行事，仍人道，因兴以立功，就败以成罚，假日月以定历数，藉朝聘以正礼乐。有所褒讳贬损，不如书见，口授弟子。弟子退而异言。丘明恐弟子各安其意以失其真，故论本事而作传，明夫子不以空言说经也。《春秋》所贬损大人当世君臣，有威权势力，其事实皆形于传，是以隐其书而不宣，所以免时难也。及末世，口说流行，故有《公羊》《穀梁》《邹》《夹》之《传》。

---

① 式　底本作"戒"，据《汉书》改。

四家之中,《公羊》《穀梁》立于学官,邹氏无师,夹氏未有书。

(七)《论语》类小序:

《论语》者,孔子应答弟子时人,及弟子相与言而接闻于夫子之语也。当时弟子各有所记,夫子既卒,门人相与辑而论篹,故谓之《论语》。汉兴,有齐、鲁之说。传《齐论》者,昌邑中尉王吉、少府宋畸、御史大夫贡禹、尚书令五鹿充宗、胶东庸生,惟王阳名家。传《鲁论语》者,常山都尉龚奋、长信少府夏侯胜、丞相韦贤、鲁扶卿、前将军萧望之、安昌侯张禹,皆名家。张氏最后而行于世。

(八)《孝经》类小序:

《孝经》者,孔子为曾子陈孝道也。夫孝,天之经,地之义,民之行也。举大者言,故曰《孝经》。汉兴,长孙氏、博士江翁、少府后仓、谏大夫翼奉、安昌侯张禹传之。各自名家。经文皆同,唯孔氏壁中古文为异。"父母生之,续莫大焉","故亲生之膝下",诸家说不安处,古文字读皆异。

(九)小学类小序:

《易》曰:"上古结绳而治,后世圣人易之以书契,百官以治,万民以察,盖取诸《夬》。""夬①,扬于王庭。"言其宣扬于王者朝廷,其用最大也。古者八岁入小学,故《周官·保氏》掌养国子,教之"六书",谓象形、象事、象意、象声、转注、假借,造字之本也。汉兴,萧何草律,亦著其法曰:"太史试学童,能讽书九千字以上,乃得为史。又以六体试之,课最者以为尚书御史史书令史。吏民上书,字或不正,辄举劾。"六体者,古文、奇字、篆书、隶书、缪篆、虫书,皆所以通知古今文字,摹印章,书幡信也。古制,书必同文,不知则阙,问诸故老。至于衰世,是非无正,人用其私。故孔子曰:"吾犹及史之阙文也。……"盖伤其寖不正。《史籀》篇者,周时史官教学童书也,与孔子壁中古文异体。《苍颉》七章者,秦丞相李斯所作也。《爰历》六章者,车府令赵高所作也。《博学》七章者,太史令胡母敬所作也。文字多取《史籀》篇,而篆体复颇异,所谓秦篆者也。是时始造隶书矣,起于官狱多事,苟趋简易,施之于徒隶也。汉兴,闾里书师合《苍颉》《爰历》《博学》三篇,断六十字以为

---

① 夬 底本作"夫",据《汉书·艺文志》改。

一章，凡五十五章，并为《苍颉》篇。武帝时，司马相如作《凡将篇》，无复字。元帝时，黄门令史游作《急就篇》。成帝时，将作大匠李长作《元尚篇》，皆《苍颉》篇中正字也。《凡将》，则颇有出矣。至元始中，征天下通小学者以百数，各令记字于庭中。扬雄取其有用者以作《训纂篇》，顺续《苍颉》，又易《苍颉》中重复之字，凡八十九章。臣复续扬雄作十三章，凡一百二章，无复字，六艺群书所载略备矣。《苍颉》多古字，俗师失其读。宣帝时征人能正读者，张敞从受之。传至外孙之子杜林，为作训故，并列焉。

以上所录，《六艺略》九篇小序，前八篇都是：（1）述本经成书底经过，孔子与本经之关系，或并解释书名；（2）述西汉经师底传授及派别；（3）述古文经底来历，及其与今文经底不同。似于诸经源流，说得很清楚。但溯源方面，如说孔子作《易》底《十翼》，作《书序》百篇，删《诗》存三百五篇，与左丘明同观鲁史而作《春秋》，左丘明作《春秋左氏传》，胜于口说的《公羊》《穀梁》二传，孔子为曾子陈孝道而作《孝经》，"孝"为天经地义，故名《孝经》——据历来学者底考证，都是不可靠的。刘歆是首先发现古文经，竭力加以提倡的人，所作《七略》，当然崇"古"抑"今"；班氏取《七略》以作《汉志》，其仍为左袒，亦无足怪。但古文经毕竟是可疑的。《书》类小序中所述鲁共王坏孔宅，得壁中书，孔安国献之的话，亦并不见于《史记·五宗世家》。此亦历代学者聚讼纷纭，至近代已有定论的（详见《经学纂要》），所以《七略》《汉志》所叙诸经底源流未必确实；章学诚推崇过甚，未免阿其所好！

更就《诸子略》各小序观之。每家各溯其渊源之所自出曰："儒家者流，盖出于司徒之官"；"道家者流，盖出于史官"；"阴阳家者流，盖出于羲和之官"；"法家者流，盖出于理官"；"名家者流，盖出于礼官"；"墨家者流，盖出于清庙之守"；"纵横家者流，盖出于行人之官"；"杂家者流，盖出于议官"；"农家者流，盖出于农稷之官"；"小说家者流，盖出于稗官"。近人章炳麟、柳诒徵笃信其说，胡适则又竭力反对。平心论之，则古代书籍藏于官，学术亦在于官，及孔子开私人讲学、私人著述之风，王官之学始散于民间，故说诸子之学滥觞于王官，原合事实；但必每家各指一官以实之，则又穿凿，故于小说家漫云出于稗官，已是图穷匕首现了。且论周秦诸子派别者，以《庄子·天下》篇为最早，无"儒""道"……家数之名，且无十家九流之数。次之，则为《史记·自序》所引司马谈之说，亦仅"儒""墨""名""法""阴阳""道德"六家，《七略》《汉志》增"杂""农""纵横""小说"四家，而成十家。姑无论所分派别是否妥当，此十家者，既为刘歆所分，岂王官预知其必分十家，而设此十官以出此十家之学？王官又岂仅此十官，何以其他各官，独无所出之学派？说某家出于某官之故，以墨家小序为最详，但多牵强附会之言。其论各家末流，如儒家之"惑者""辟者"，阴阳家之"拘者"，名家之"警者"，尚能切中其弊。至于"绝礼学""弃仁义"，而"独任清虚"，正是道家宗旨，并非"放者"为之，方是如此；"尚俭""非礼""兼爱""不别亲疏"，正是墨家要道，并非"蔽者"为之，方是如此；"无事圣王""君臣并耕"，正是农家精义，并非"鄙者"为之，方是如此；"去仁义""任刑法""伤恩薄厚"，又是法家底通病，并非"刻者"为之，方是如此；"上诈谖而弃信"，也是苏、张纵横之士底通病，并非"邪人"为之，方是如此；"漫羡而无所归心"，也是杂家之书底通病，且如《吕览》《淮南》原是许多门客底集体合作而成，并非"荡者"为之，方是如此。反之，所论各家之长，如谓道家"合于尧之克让，《易》之谦谦"；墨家"兼爱"，由于"养三老五更"，"非命"由于"顺四时而行"，"尚同"由于"以孝视天下"，也都搔不着痒处（详见《诸子学纂要》）。所以《七略》《汉志》所叙诸子底源流，也多不足取。章学诚《校雠通义·原道》曰："有官斯有法，故法具于官；有法斯有书，故官守其书。"这是学在王官时的事实。至于"有书斯有学，故师传其学；有学斯有业，故弟子传其业"，已是王官之学散而传于师儒的现象了。故"私门无著述文字"，也是学术在官时的现象。其曰"私门无著述文字，则官守之分职，即群书之部次，不复别有著录之法"，则由过于偏信刘、班《诸子略》之故。即使刘、班所云某家出于某官之说，果为可信，岂能以东周之前的官守分职，作数千年后群书之部次，而不复变易？章氏既知"一切古无今有、古有今无之书，其势判如霄壤"，"《七略》之流而为四部，如篆、隶之流而为行、楷，皆势之所不容已"，故"不得执《七略》之成法以部次今日之文章"，则东周以前的官守分职，岂能执为部次先秦诸子、后世群书之成法？《七略》所以附史书于《春秋》类，原因史书尚少，则史书日繁之后，不得不以附庸而蔚成大国，乃事势之必然。此犹"歌诗"原与《诗三百篇》同类，"赋"亦由《诗三百篇》蜕变而来，诗赋既繁，便不能附之《诗》类。岂能如章氏所云："《诗》领于太师，《春秋》存乎国史"，即以太师、国史为诗赋、史书之部次？其谓"记传合乎小说，则史而子"；"得辨名正物之意，则颜氏《匡谬》，邱氏《兼明》之类，经解中有名家"；"得尚俭兼爱之意，则老氏贵啬，释氏普度之类，二氏中有墨家"；真是傅会牵合，无所不用其极了。如以此类为明学术源流，倒不如不明源流之为愈。

总之，人事日繁，文化日发达，则著述愈多，学术日新月异。或从原有学术分化，或因人文演进新生，或系国外学术输入，断非古代学术派别，图画部类所能包括，更非东周以前王官职守所能范围，勉强牵合，不顾凿枘，非但可以不必，而且上诬古学，下误后学。且严格言之，研究学术源流派别，是学术史底任务，不是校雠目录学底任务。分类编目者，固须对于学术史有深切的研究，洞悉历代学术源流，所分之类方能妥当，而且分类明确的目录，确是研究学术史绝好的史料，但不能把目录学和学术史混为一谈，把学术史底工作，全部强纳于校雠目录学底范围中。所以条别学术源流，至多只能说是分类编目底一种成绩或效果，不是校雠目录学底本身的工作。

本次整理征引参考文献

《黄侃手批白文十三经》，上海古籍出版社 2008 年版。

《十三经注疏》，中华书局 1980 年影印版。

《淮南子集释》，中华书局 1998 年版。

《史记》（点校本二十四史修订本），中华书局 2013 年版。

《汉书》，中华书局 1962 年版。

《后汉书》，中华书局 1965 年版。

《三国志》，中华书局 1971 年版。

《南史》，中华书局 1975 年版。

《北齐书》，中华书局 1972 年版。

《隋书》（点校本二十四史修订本），中华书局 2019 年版。

〔南朝梁〕萧统编：《文选》，中华书局 1977 年影印版。

〔宋〕朱熹：《四书章句集注》，中华书局 1983 年版。

〔宋〕李昉等编：《太平御览》，中华书局 1960 年影印版。

〔宋〕郑樵著，王树民点校:《通志二十略》，中华书局 1995 年版。

〔宋〕晁公武撰，孙猛校证:《郡斋读书志校证》，上海古籍出版社 2011 年版。

〔明〕胡应麟:《少室山房笔丛》，中华书局 1958 年版。

〔清〕永瑢等撰:《四库全书总目提要》，中华书局 1965 年版。

〔清〕章学诚著，叶瑛校注:《文史通义校注》，中华书局 1985 年版。

〔清〕顾炎武著，黄汝成集释:《日知录集释》，上海古籍出版社 2006 年版。

陈垣撰:《校勘学释例》，中华书局 1959 年版。

陈国庆编:《汉书艺文志注释汇编》，中华书局 1983 年版。

钱玄著:《校勘学》，江苏古籍出版社 1988 年版。

蒋伯潜著:《校雠目录学纂要》，北京大学出版社 1990 年版。

叶德辉著，紫石点校:《书林清话〔外二种〕》，北京燕山出版社 1999 年版。

张元济撰:《校史随笔》，上海古籍出版社 1998 年版。

张之洞撰，范希曾补正:《书目答问补正》，上海古籍出版社 2001 年版。

钱存训著:《书于竹帛：中国古代的文字记录》，上海书店出版社 2004 年版。

杜泽逊撰:《文献学概要》(修订本),中华书局2008年版。

王瑞来著:《古籍校勘方法论》,中华书局2019年版。

姚名达著:《中国目录学史》,上海古籍出版社2019年版。

徐成志、王思豪主编:《桐城派文集叙录》,安徽大学出版社2016年版。

程千帆、徐有富著:《校雠广义》,中华书局2020年版。